本书得到"中国矿业大学（北京）2021提升自主创新和社会服务能力（81001203A10）项目——公共管理学科内涵式建设与发展项目"支持。

本书是国家社会科学基金青年项目"中国特色群团组织的行动力研究"（19CZZ029）阶段性研究成果。

后工业化进程中的社会组织角色研究

姜宁宁 著

A STUDY ON THE ROLE OF SOCIAL ORGANIZATION IN THE PROCESS OF POST-INDUSTRIALIZATION

经济管理出版社
ECONOMY & MANAGEMENT PUBLISHING HOUSE

图书在版编目（CIP）数据

后工业化进程中的社会组织角色研究/姜宁宁著 . —北京：经济管理出版社，2021.8
ISBN 978 - 7 - 5096 - 8203 - 6

Ⅰ. ①后… Ⅱ. ①姜… Ⅲ. ①社会组织管理—研究 Ⅳ. ①C916.1

中国版本图书馆 CIP 数据核字（2021）第 157335 号

组稿编辑：任爱清
责任编辑：任爱清
责任印制：黄章平
责任校对：王纪慧

出版发行：经济管理出版社
　　　　　（北京市海淀区北蜂窝 8 号中雅大厦 A 座 11 层　　100038）
网　　　址：www. E - mp. com. cn
电　　　话：（010）51915602
印　　　刷：唐山昊达印刷有限公司
经　　　销：新华书店
开　　　本：720mm × 1000mm/16
印　　　张：12.25
字　　　数：160 千字
版　　　次：2021 年 9 月第 1 版　　2021 年 9 月第 1 次印刷
书　　　号：ISBN 978 - 7 - 5096 - 8203 - 6
定　　　价：78.00 元

前　言

　　工业社会中，经济领域对于规模化生产、专业分工的要求，促进了各种各样的组织的建立和分化，组织的专业性不断增强，而在政治和社会领域，在三权分立基础上建立的民主、法治等基本规则确立了政府在社会治理中的核心地位，构建了协作型的社会治理格局，并引导工业社会走向繁盛。人类自20世纪中后期进入了后工业化时代，在以信息技术革命为先导的后工业化过程中，社会个体的行动范围大大扩展、行动方式多元化，人际关系也因此出现变化，束缚在组织中的人慢慢地回归至社会中，社会关系中出现越来越多非正式制度因素，因此，社会的复杂性、不确定性不断增强，社会治理结构也随之改变。回归社会的人们在公共领域建构集体行动模式，表达诉求、回应危机，逐渐形成"第三部门"，成为社会治理中新的参与主体，显然，社会治理正在形成新的格局。以社会组织为主体的第三部门在后工业化过程中产生，在产生之初就具有支持社会关系重构、服务社会的功能，因此，它的出现意味着已高度组织化的社会中出现新的集体行动方式和组织模式。

　　与此同时，组织研究也在经历从结构主义到行动主义的转型。结构主义中的组织要遵循结构的稳定性要求和制度的确定性要求，因此不仅隐匿了组织的主观能动性，也诱发了组织真实或意向性行动与外在结构形式的分离，组织效率与制度的相悖等问题。面对复杂的行动环境，行动主义对结构主义面临的困境进行了反思，发现个人的自主性与他在性，因此，组织是由意向的集体行动表现出来的行动连续统，在连续性时间、空间环境中活动。组织中的制度性要素则是为了组织成员的主动性的发挥和组织功能的实现而建构的一些针对组织行动的辅助性规则，这就使组织不再为了滞后的制度而行动。

在整个 20 世纪，非政府组织面临的最大问题是合法性和制度化的问题，也就是需要获得法律上的合法身份和社会治理中的结构性地位。当然，这一问题随着社会关系的复杂化和结构的多元化得以解决，不论是在法律上还是实质上，非政府组织的发展状况都获得了极大的改善。因此，非政府组织作为社会组织的本质特征才开始展现出来，社会组织的研究开始逐渐转移到更加具体的、更具操作性和应用特征的中观、微观研究中。

有关社会组织的研究是基于社会治理变革的宏观背景展开的。在不同的历史阶段，社会治理具有不同的结构，社会组织在其中的角色也完全不同。从工业社会生产方式中产生的管理型治理模式塑造了坚固的社会治理中心—边缘结构，政府拥有大部分的公共资源分配、再分配的权力，社会组织尚属新鲜事物，能力和资源都比较薄弱，在社会治理事务中的边缘位置发挥一些有限的辅助性功能，随着政府转移的公共职能越来越多，社会组织承担公共服务的机会也越来越多，并逐渐开始探索新的行动领域，与政府的良性互动也日渐丰富，逐渐以新的面貌承担起社会治理的责任。我国社会组织在改革开放以后经历了快速的增长，在当前的社会治理事务中发挥着越来越重要的作用，同时也面临着管理制度、人才等方面的困境。这些实践中的难题激发了本书的研究主题，即在社会后工业化的进程中，社会组织应当承担的角色的问题。

组织模式的变革是社会治理变革的先导，社会组织作为一种新兴的治理力量出现在管理型社会治理模式中，推动了社会治理结构向合作型治理转变。因此，社会组织将成为社会治理的主体之一。根据社会治理的发展规律和组织发展的规律，本书阐释了后工业社会中的社会组织角色以及功能，这是在行动主义原则指引下的组织行动的体现：合作型社会治理结构中的社会组织是"服务者"，具有天然的他在性和行动自主性，组织内部的和组织之间的基本权力关系为合作关系，基于信任而生成，因而组织结构具有合作的形态，组织行动具有服务特征。在此基础上，本书建构了社会组织的合作体系，即完善以行动者的主体性和他在性为核心的职业领域建构。

　　本书对行动主义视角的组织理论进行了认识论和方法论层面的反思，并且提出社会组织合作体系的构想。我们能够做到的应该是基于人类共生共在的发展要求，对人类自身的能动性、道德性和社会的不确定性的深刻认识，专注于人的发展和社会发展的本质，而不是沉迷于形式化的技术和表面上的共识，重新认识组织的主体性、自主性及其行动路径，在此基础上来思考合作治理结构中的治理行动。

姜宁宁

2021 年 5 月 20 日

目　录

第一章　后工业化进程中的组织变革

　　人类的交往活动产生了多种多样的群体生活，人们在群体内交往，也通过群体与环境发生联系。每个个体都是社会的构成要素，完整的个体，不仅是独立自由的人，也是相互关联的人。因此，人类共生共在是个体行动的主动选择，是个人生存发展和社会发展的规律，也是人类社会行动中的核心驱动力。人与社会的发展通过治理实现，社会治理的良好愿景是建立合作共同体。在合作的共同体中，治理行动也应该遵循人类共生共在的发展规律。

　　社会治理一般通过组织化行动的方式来实现。组织是人类应对复杂社会环境和自然环境的最有效方式，工业社会中如此，后工业化社会中也是如此。工业社会中的组织符合工业化的要求，遵循技术理性的原则，属于管理型的组织，完成工业社会的管理任务。工业社会中的治理结构呈现协作的结构，这个结构以政府组织为中心，其他类型组织，例如，非政府组织，处于政府周围或治理结构边缘，分担不同的治理功能。非政府组织出现在社会的后工业化过程中，具有行动主义的特征。随着后工业化程度的加深，高度复杂和高度不确定性条件要求新型的组织回应风险社会中的复杂问题。后工业社会要求合作的治理结构，这就要求各治理主体和参与者的角色和功能也要进行相应的调整。因此，作为一种服务型组织，社会组织在合作治理的结构中需要得到更深刻的理解：组织是能动的复杂系统，社会组织从事社会服务、整合复杂社会关系，具有处理复杂社会问题的优越性，也自觉地承担治理的责任，并推动社会创新与社会变革。实际上，社会组织的应然与实然角色之间存在着鸿沟，这个鸿沟，在社会治理实践中表现为国家的社会治理结构要从管理型走向合作型的问题，在学理中则表现为组织的结构主义行动逻辑和行动主义行动逻辑的矛盾。因此，在社会变革的整体性环境中，社会组织在社会治理结构中的角色需要重新被认识。

现代社会是组织化的社会，组织是人类从事社会治理最佳的集体行动方式，组织模式变革是社会治理变革的先导①，所以这种发展规律就要求我们"在思考社会治理的根本性变革方案时，是需要回到自我与他人这个哲学原点上来的"。② 我们所思考的所有问题都致力于发现人性、促进社会的发展，最终实现人的发展。由于组织是对个人与他人的社会关系的整合最普遍形式，因此，在认识组织的角色、行动等本质属性和特征时，要关注的不仅是中观和宏观层面的组织的行动、结构要素，更要追溯到组织个人与他人之间关系的整合和重构这一本体层面上来，尤其要阐释的是社会组织这种组织模式对人际关系重构的社会意义。

---

① 张康之. 组织模式变革是社会变革的先导 [J]. 江苏行政学院学报，2015（3）：103-111.
② 张康之，张乾友. 共同体的进化 [M]. 北京：中国社会科学出版社，2012：111.

第一节　研究背景与研究问题

一、组织变革的理论背景与实践背景

1. 行动主义组织思想为回应社会的不确定性提供新方案

结构和行动的讨论一直是社会学研究的重点。后帕森斯时代[①]（20 世纪 60~70 年代）一直在做现代理论学派间的织补和融合，哈贝马斯的"交往行动论"和吉登斯的"结构二重性"成为行动和结构综合的调节器，从而实现了结构和行动的互构局面。我们对于社会组织角色的研究，也从组织理论中对于结构和行动的争论开始反思、阐释。在全球化、工业化背景之下，组织的结构、效率、合法性等问题都通过科层制来解决，并且取得了令人瞩目的成果。但科层制在完成工业社会的科学化、效率至上的要求之后，无法继续完成后工业化社会中复杂的组织变革任务。自社会组织作为一种社会行动力量产生以来，关于社会组织与政府、社会组织与国家的结构性分析就从没有停止过。

没有人可以从全球化、现代化过程中的"脱域"机制中逃离。专家、专门知识、专家系统与抽象的知识原则相联系，是脱域机制的关键组成部分，它们要求对抽象的论证和普遍的原则赋予抽象的信任。在对于知识和专业的抽象信

---

① 李猛. 从帕森斯时代到后帕森斯时代的西方社会学［J］. 清华大学学报（哲学社会科学版），1996（2）：29－34.

任中，人们期望脱域的专门知识成为合法权威的来源并且期望它指导人类行为，这就制造了不信任的紧张感：最初值得人们信任的专业化权威在社会知识的不断更新中被推翻了，所有的知识都任由脱域化纠正和不断地改进。而全球化的本质意味着世界上每个人都至少在他们生活的某些方面经受着脱域，结果是每个个体都不同程度地体验着社会的不确定性。在结构功能主义的理解中，社会是一种结构与行动纵横交织起来的宏大、稳定的系统。它致力于使整个社会都呈现一种井井有条的状态，在威胁结构稳定的冲突发生时，要尽可能地将其结构化或去结构化，实现新的稳定结构，在这样的思路中，人被结构化、身份化，组织的行动也被结构化。这种思路应对当前社会的高速流动特征是捉襟见肘的，显然，脱域机制是一种行动力量，它赋予已经被结构化了的社会主体以自主性和行动能力，因此破坏了社会结构的平衡，并且无法使结构再回复到原来的状态中。由此可见，结构化理论中将个体与社会或某种宏观的制度割裂以后，再寻求个人在此结构中的平衡，或者如何避免冲突等诸如此类的消极努力。当今社会行动者陷入"主体性"迷失的困境又使人们再次反思结构和行动的关系。

在结构主义发现自身的悖论的同时，组织研究中的另一学派——法兰西的行动主义学派开始从行动入手，根据社会发展状况的变化，考察宏观、中观层面的组织行动，并且分析组织的行动与结构的问题。行动学派是对结构功能学派的彻底反思，与结构化理论面对现代社会的恐慌不同，行动社会学的研究者用积极的态度来理解后工业化带来的变化，例如，图海纳（2012）的"程控社会"（Programmed Society），他认为后工业社会的诸种特征综合起来就是"抓住了该社会形式创造出管理、生产、组织、分配和消费模式的能力，进而使社会——在其所有的功能层面——看起来像是社会自身行动的产物。而非各种自然法则或文化特殊性的结果"。① 因此在社会后工业化的历史进程中，社会科学的任务是尽可能地去理解有自觉性和自主性意识的行动者，并且让人们知道，自身正处在历史之中并且正在创造历史，同时，也受到各种物质环境和意识形态的指引或制约。根据关系主义的观念，行动者（包括集体行动者）的意义和身份产生于他们正在进行的关系和遭遇中所扮演的角色②，这种观念由怀特详细阐述。对于结构，行动主义者这样理解，"如果结构存在，那是因为它们是被不断地创造和再创造的，并且如果世界是有意义的，那是因为行动者正在建构和再建构意图和理由，因此也在建构和再建构他们自己和他人的认同"。③ 社会结构的过程性和连续性特征暗含了这样一个假设：个人具有主动性，且人的共生共在是社会运行的规律。我们迫切需要发展新的研究取向来证实社会行动本身，不仅要研究行动中的行动者，也要研究在他们从这些行动中引出的分析中的行动者，以及在超越了由社会秩序所强加的行为反应之后，也能发展出质疑的行为从而使社会经由冲突创造自身的行动者。④

在行动主义看来，组织是一个动态的行动系统，不仅包含所有行动者的联合行动，是一种负载集体行动的活动场域；不仅是各个行动者在行动过程中建构的关系系统，也是合作与信任关系生成的基本条件，因此，组织既提供了行动者自由行动的能量场域，又提供了制约行动者违背规则或道德言行的原则性标准。行动者在制度环境中生活，他们可以表现为制度的顺应者和作用对象，

① （法）阿连·图海纳. 行动主义社会学［M］. 卞晓平，狄玉明译. 北京：社会科学文献出版社，2012：139.
② H. C. White. Identity and Control: A Structural Theory of Social Action［M］. Princeton: Princeton University Press, 1992.
③ W. R. Scott. Organizations Overview. In International Encyclopedia of the Social and Behavioral Sciences, 2001. ed., by N. J. Smelser, P. B. Bates, 16: Pergamon/Elsevier Science.
④ （法）阿连·图海纳. 行动者的归来［M］. 舒诗伟，许甘霖，蔡宜刚译，孟慧新校. 北京：商务印书馆，2008：183.

但他们并非受到利益驱动的丧失主体性的构成部分，而首先表现为自由的人、主动的人，他们是组织的建构者。行动是自由的，这种自由赋予行动无限的不确定性，所以行动是不能用确定性的规则去限定的，然而，虽然行动者的自由是相对的，但它们却是无法被剥夺的。这种自由与自主，使行动者总是能够自如地发现自己思维和行动的自主的领地，找到属于自己的自由的场域。由此可见，自主的行动具有极强的不确定性和意向性。自由自主的行动者意味着他们自身潜在地具有选择、组织、决策、实践和创新的能力。也就是说，行动者有能力选择组织、建构组织，根据各种物质性条件和意识形态的环境进行决策，做出于己有利的选择。无疑，行动主义的这些论断与后工业化过程中社会呈现的高度复杂、不确定性的特征相吻合，与社会组织的某些自主、自由、道德的属性相契合，因此，行动主义的观点对于社会组织的相关研究和实践具有启示意义。

2. 社会组织实践的发展回应和推动着社会治理变革

"公益行业成长的质性飞跃为公共领域的重构提供了基础。一国在现代化过程中的社会结构转型，本质上是社会对公共空间的重构过程，这个重构过程包含两个方面的内容：一是对传统公共空间如政府传统公共职能的解构，二是对基于公民自由结社精神的新公共空间即公益领域的建构"①。目前我国正处在这样一个重构的过程中。自改革开放以来中国社会组织发展呈上升趋势，组织的数量和质量明显增长，组织的活动领域逐渐拓展，公益行业内部互动增加，交流与合作日益广泛。许多社会服务、公益活动从最初一家组织的孤军奋战逐步走向多家机构在某个或某些地域，或某个领域的联合行动，公益行业开始进入

---

① 康晓光，冯利编．中国第三部门观察报告（2015）［M］．北京：中国社会科学文献出版社，2015.

建设共同体的阶段。从相关实践可以看出,中国公益部门内的共同体已在提升组织的专业化、进行行业自律和自治、维护行业利益、表达利益诉求等方面发挥了重要作用。这种趋势说明:中国公益部门内部正在形成共同的价值观、共同的行为规范和归属感[①]。随着公益行业的发展,可以预见,未来共同体会越来越多,所发挥的作用将越来越显著。但社会组织是后工业化过程中产生的一种全新的组织模式,具有与工业社会中的组织完全不同的结构特征和行动特征,这就造成了当前社会组织发展中的种种困境,例如,社会组织的人才流失问题、社会认可度低问题等。这些操作层面的困境使社会组织的治理行动举步维艰,更不用说发挥它应有的整合能力了。因此,从这些现状中展现出来的前景和困境促进研究者对社会组织角色和行动进行深度反思,以建构更适宜的社会治理结构和社会组织合作制结构。

3. 公益行业的问题呼唤组织变革研究的支持

总体上而言,公益人面临"公益之痛",不同服务领域的社会工作者有不同的痛苦,这些痛苦表现在多个层面:首先,对于个人的生活层面来讲,底层社工的待遇较低、福利较差,这是导致社会服务行业难以留人的表面原因。其次,从职业环境来看,由于社会组织在其服务行业体系中并没有得到明确的安置,因此,成员的职业前景问题也难以解决;又由于社会服务直接提供针对人的服务,服务人员往往承担重大的责任,工作压力较大,还有组织负责人要承担的筹款和运营的压力。同时,社会组织的身份和社会认可度较低,体制的问题也导致社会组织中的人力资源流动体制不完备、缺乏上升空间等。为此,公益人员在工作过程中充满了挫折与限制,很容易产生职业抑郁。然而,与此状

---

① 康晓光,冯利编. 中国第三部门观察报告(2015)[M]. 北京:中国社会科学文献出版社,2015:3-7.

况相对立的是：无论是社会组织中最基础的社会工作者还是社会组织的管理者、领导者，他们都有明显的共同点就是"社会责任感"：对于社会事务、公共事务近乎天生的热情与敏感，有着社会创业者的激情和执着。因此，如何探索方案解决公益之痛成为公益界和学界长盛不衰的话题。

二、社会组织的意涵及社会治理行动

社会组织与公益行业的成长、组织的发展状况以及组织面临的各种困境引发了笔者如下思考：为何人们在如此困难的情境中却依然坚守？社会服务正在形成一个新的行业，包括社会工作者在内的公益人、社会服务的直接提供者们，能否建立自己的职业发展体系？社会组织是否只能处于协作治理体系的边缘、按照资助方的要求提供公益、慈善服务而不产生冲击社会治理体系的能量？在当今时代，尽管社会组织天然的行动主义特征使其在社会治理结构中具有不可替代的优势，但从业者与研究者既面临短期内难以突破的制度性困境，又负载期许和责任执著前行。显然，在这种看得见曙光的改革前夜，需要回答的问题就是，我们应该用什么样的理念和思维框架去观察社会组织及其中从业者的发展路径；在新的社会治理现实和理论框架中，社会组织所应承担的责任及其角色是什么？行动主义的视角为社会组织的行动研究提供了什么样的情境？

1. 社会组织及其组织行动

在学术界，根据不同的研究偏好，往往把"社会组织"称为"第三部门""社会自组织""志愿组织""非政府组织""非营利组织"或"中介组织"等。在通常情况下，人们对这几个概念并不做严格的区分。在兴起于20世纪80年代的全球性改革浪潮中，作为一种新的社会现象的"第三部门""非政府组织"迅速崛起，并以社会治理主体的姿态参与到了社会治理过程之中，引发了人们的广泛关注和热烈讨论。

2008 年，我国民政部将非政府组织、非营利组织、志愿组织等组织类型统称为"社会组织"，但从宏观社会学的角度来看，社会组织是概括力很强的一种社会现象，几乎包括了人类社会中所有的组织类型，政府、军队、学校、家庭等都被纳入其中。本书从宏观社会学的角度对非政府组织、非营利组织等提供社会服务的社会组织研究路径进行梳理，为了避免"非政府组织"概念对于其"非政府"性和二元结构的强调、避免"非营利组织"对于经济利益的回避，本书采用"社会组织"的概念。从社会治理实践的要求和发展趋势来看，社会组织是指与政府组织、经济组织并立，由社会个体或集体基于共同意愿发起的，具有提供专业社会服务能力的，具有完整组织结构和明确的行动目标，并且与其他治理主体共同分担社会治理责任的、非营利的公共组织。

"人的活动中包含着自发的行为和自觉的行为。自发的行为或受到非理性的因素支配，或受到外在压力的驱使，因而自发的行为又可以分为攻击性的和回应性的行为。一般来说，在个人方面，'行为'与'行动'是同义词，而在群体乃至社会那里，行动是由群体、组织等发出的，是以个人行为的总和的形式出现的。"① 本书讨论的行动被置于组织和宏观社会环境的背景中，并且组织的行动具有动态的意涵，社会组织的行动一般是指其在社会治理事务中所进行的各种各样的动员、整合、学习、创新等以服务为导向的组织行为。在动态的语境中讨论，而不是在功能主义的语境中去分析行为的结果。

2. 社会治理结构与治理行动

因为以治理为主题的研究多强调多元行动与合作关系，而这些学科的研究主线就落到个人、组织、社会等行动主体上来，所以，目前有关社会治理的研究几乎可以覆盖社会学、公共管理学等社会科学的每个角落。在我国，自党的

---

① 张康之. 论社会治理中的权力与规则［J］. 探索，2015（4）：85 – 91.

十八届三中全会提出《中共中央关于全面深化改革若干重大问题的决定》以来，关于社会治理、国家治理能力等重大理论问题的探讨进一步深入。从近两年学界的文章发表情况来看，研究者除了对社会治理的原理、意涵、结构以及行动者、参与者之间的关系进行探讨之外，更多的研究侧重于具体治理情境中的环境分析、结构分析、关系分析等较为具体的研究：例如，在宏观层面上，社会治理结构的变革往往与国家治理能力体系相关联，并且，其中的重点就是政府在治理转型过程中的角色转变和新兴主体的各种治理行动的表现形式；在微观层面上，社会个体之间关系的变化往往在社会治理变革的大背景之中进行，也为有关多元化的研究提供了现实的依据。①

通过对社会治理的历史性变革的考察，本书认为：工业社会中的治理结构为协作型的治理结构，承担治理责任的组织类型为管理型政府与非政府组织，奉行技术主义的原则；而后工业社会治理的结构是合作的结构，呈现动态的网络状特征，遵循行动主义的原则。合作治理的结构由各种各样的行动者构成，包括个人和组织，它们分担治理责任，都是社会治理的主体，行动者之间存在信任关系和合作关系，合作行动是各主体的基本行动。

当前虽然关于合作治理的研究很多，研究者在现实的经验层面对各种治理活动中的参与行为进行了分析，例如考察社会组织参与社会事务、社会组织在社会治理行动中的各种行动策略等，但它们依然没有从深层认识合作治理的萌芽的产生对于人类社会发展、对于中国社会变革的启蒙意义：在人类社会发展的过程中，合作治理的产生是必然的历史结果，但这也并不是一帆风顺的过程。需要人们顺势而为，付出积极的努力。在发展愿景树立之后，我们就可以对当

---

① 本部分观点及归纳源自：张康之、姜宁宁. 公共管理研究的热点与重心——基于人大复印报刊资料《公共行政》2014 年收录文章的预测［J］. 中国行政管理，2015（7）：76－82.

前的社会治理结构变革做出整体设计，其中合作治理是最为可能的选项。那么，当前要完成的任务就是：政府组织要完成自身的角色转型和职能转移；社会组织作为治理主体，要具备与之责任目标相适应的行动能力。

第二节　研究回顾：社会组织研究范式的变迁①

本书通过对社会组织的研究范式及视角进行研究，发掘社会组织的实然成长路径和应然历史性角色。要研究组织的角色，就必然要思考组织的产生路径以及组织中的个体之间的关系。由于本书在社会治理结构的视域中去考察社会组织，因此，不得不先对组织社会学研究中的相关要素进行分析。根据已有研究可以发现，研究者们基于不同的理论解释框架而对社会组织的产生、存在状态以及它们在社会治理过程中的角色做出了解读，形成了不同的研究路径。社会组织在其产生的初期面临的是组织的合法性问题，主要考察在宏观社会变革过程中的从集体行动到组织化行为的演变，以及在国家—社会关系的框架之内非政府组织产生的应然和实然意义；在组织的合法性确立之后，社会组织被作为一种整合社会资源的组织模式来认识，研究的视角逐渐从宏观的结构性要素转向中观和微观研究上来。

一、社会运动中的集体行动：非政府组织的产生及其合法化进路

自非政府产生之日起，就表现出与政治权力与传统行政组织相对抗的形式

① 姜宁宁. 论新社会组织的研究范式［J］. 公共管理与政策评论，2015（2）：74－81.

与发展路径，它们具有明确的社会诉求和组织目标，其行动方式和行为特征也表现出了强烈的价值取向或具有较强的理想主义色彩。在兴起于20世纪七八十年代的新社会运动理论中，非政府组织关注组织化行为及其政治与社会功能。社会运动是一种具有指向性的集体行动，是行动者针对社会问题而开展社会改造的运动。在非政府组织研究中，新社会运动理论提供的研究路径涵盖了非政府组织的政治和社会功能，非政府组织作为社会力量与行政组织、权力组织的博弈行为则一直处在社会运动研究范式的视野中心，无论是非政府组织的产生、发展、行为特征还是行动目标，都是在对自身合法性的追求和质疑中进行的。

社会运动与工业社会是相伴相生的，并在工业社会的行进中不断发展。芝加哥学派认为，人类行为不仅具有集体性，更重要的是具有社会性。[①] 在表现方式上，社会运动仍然以激烈的社会变革方式呈现出来。但从历史的发展进程来看，虽然工业社会中的集体行动具有强烈的非理性特征，但它们却始终没有放弃对政治改革和社会进步的价值理性追求。这就促使人们试图去解决这样一个问题，那就是如何使集体行动从目标模糊、行为无序和充满不确定性转变为组织化和制度化行动，在这样的过程中，为了实现最初的集体行动的目标，组织化的集体行动需要寻求政治身份的合法性。

社会运动理论中的"资源动员论"[②] 认为集体行动在利益引导下具有理性选择的特征。社会组织提供公共服务本身就是一种集体行为，尤其是草根社会组织，在其成立伊始，组织行为就是集体行为，后来才有可能转变成制度化行为。除了专注于政治目标实现的专业化的社会运动组织之外，现实生活中还有

---

① （美）大卫·波普诺. 社会学 [M]. 李强等译. 北京：中国人民大学出版社，2007：201–230.

② McCarthy, J. D. and Zald, M. N. Comparative Perspectives on Social Movements: Political Opportunities, Mobilizing Structures, and Culture Framings [M]. New York: Cambridge University Press, 1989: 1–11.

一些社会运动组织是服务性的、支持性的，而不是挑战性的①。因此，在非政府组织逐渐表现其不可替代的社会功能之后，有关政治合法性的直接讨论开始淡化，逐渐转移到更加具体的社会治理层面。在后工业社会中，社会组织作为一股行动力量参与了社会治理变革，表现了与政府的对抗性特征，主要的行动表现为倡导、服务、抗议或支持。对旧秩序的瓦解、新秩序的建立产生了直接或间接的影响。资源动员论为非政府组织行为的分析提供了一种典型的结构主义的分析方法。

由于激发社会运动的因素渐趋多元化，社会运动理论在"二战"之后开辟了新的领域，从传统的劳资关系扩展到了公民权利、政治权利、社会进步等领域。与古典社会运动理论对无序集体行动行为本身的关注截然相反，新社会运动中的个体行动者所努力追求的是通过自主行动来获取文化上的、生活上的或是象征意义上的身份认同。实际上，新社会运动具有行动主义的特征，即行动者通过对自我身份的发掘来实现个体的社会认同、自我认同。然后，人们通过这种身份认同来维护个体的自主性和独立性②。我们所要探讨的社会组织的行动主义特征，正是在这种社会环境下产生的。

从非政府组织出现伊始，它们就对于价值理性具有强烈的向往。也正是由于社会组织对于政治目标和社会进步的诉求过于执着，导致他们对既有社会秩序、规则持批判的态度，这些价值诉求可能表现为既有法律框架内的抗议、游行和示威，也可能表现出失范特征，在政治学研究的领域，关于非政府组织的研究最终引发的讨论多是在政治体制内的身份合法性问题的研究，也只有在经过了质疑的阶段，我们才能对非政府的社会功能和角色进行探索。在非政府组

---

① 冯仕政.西方社会运动理论研究［M］.北京：中国人民大学出版社，2013：66 – 70.
② 冯仕政.西方社会运动研究：现状与范式［J］.国外社会科学，2003（5）：66 – 70.

织研究中所体现的行动路径是一种动态的组织合法化过程，但与其说在这个时期非政府组织专注于追求合法身份，不如说它们是在对政治和社会价值追求的过程中间接地获得了信任与认可。在工业社会的治理结构中，非政府组织的作用较多地表现为对管理型治理方式的改良和修补。

二、政社关系中的社会组织研究：组织的独立性及其结构

社会运动代表的是非政府力量在社会发展过程中的推动性或破坏性作用，因此，对于社会运动的研究和分析最终会回归到国家—社会关系的框架中，对于非政府组织合法性问题的探讨也是在此框架中进行的。人们在探讨组织化行为在社会结构中的角色和职责时，因价值观和社会客观存在的影响，往往会有不同的认知，这些研究成果往往被归类到两种理论范式之中：一种是崇尚社会自治的市民社会理论，即多元主义；另一种是强调国家能力的法团主义，又称合作主义。这两种具有代表性的范式为研究者们论证政府与社会组织的关系提供了依据。

1. 市民社会理论中的非政府组织研究：社会自治与非政府组织的独立性

"市民社会"（Civil Society）最初是反映资本主义经济与政治勃兴的分析性概念。受洛克、孟德斯鸠等启蒙运动时期的分权思想的影响，黑格尔等认为，个人的权利和地位具有独特性与独立性，这些独特个体相互交往形成的社会，是自由自治的社会，即"市民社会"，这就使市民社会成为私利的合集，需要国家这个高于市民社会的存在去进行伦理和道德上的救济。"市民社会代表'私'的领域，而政治国家则代表'公'的领域。市民社会的显著特征在于，它是相对于政府而言的非官方的社会结构和过程，诸如各种民间组织机构、非政府机构、中介组织、社会运动等均属于市民社会的范围"① 邓正来总结国外

---

① 俞可平. 增量民主与善治［M］. 北京：社会科学文献出版社，2003：196.

的研究成果做出这样的论断：从西方市民社会观念的演化过程可以推断"市民社会对抗国家"和"国家宰制市民社会"的观点①。

在政治社会学的语境下，沿着国家—社会关系的维度，在 20 世纪 90 年代之前，市民社会理论一直沿着社会与国家分立、对抗的理路发展下去，后来随着结社革命的开展，市民社会又被理解为公民社会。这实际上是一种翻译上的误读，市民与社会相对应，而公民与国家相对应。② 不过从道理上来讲，大家强调"公民社会"具有极强的政治意味，凸显了以国家为依存条件的公民参与和公民权利的兴起③。并且，新的研究维度在公民社会的研究中形成，市民社会建立在资本主义市场经济的框架之下，这一框架主要表现为国家—经济社会的二元结构，而公民社会则又开辟了一个新的行动领域，那就是公共领域，因此形成国家—市场—社会的三维结构。但无论"二分法"还是"三分法"，公民社会与政治国家的关系都是一个繁杂的问题。研究公民社会，就离不开研究"公民社会"与政治国家之间的复杂关系。

市民社会/公民社会研究的核心议题之一是对社会自组织的研究。市民社会理论认为，自组织具有倡导个人权益与社会自治、组织社会运动、抵制政治权力扩张等社会功能，因此，它必须建立在成熟的市场机制之上。市民社会理论的发展也为中国的社会组织研究提供了参考。有学者认为，中国的民间自组织在生长形态和行为特征方面呈现诸多市民社会的特征，并且当代中国正朝着市民社会的方向发展④。然而，在对中国的政治结构、社会结构以及社会治理模

① 邓正来. 国家与市民社会：一种社会理论的研究路径（增订版）［M］. 上海：上海人民出版社，2006：5 - 9.
② 张康之，张乾友. 对"市民社会"和"公民国家"的历史考察［J］. 中国社会科学，2008（3）：15 - 27.
③ 周国文. 公民社会概念的溯源及研究述评［J］. 哲学动态，2006（3）.
④ White, Gordon. Prospect for Civil Society in China：A Case Study of Xiaoshan City［M］. The Australian Journal of Chinese Affairs，1993：11.

式的宏观变迁进行考察之后，更多的研究者得出完全相反的结论：中国的社会与西方市民社会自然生成的发育路径完全不同。我国从传统社会的"家—国—天下"到中华人民共和国成立后的"全能政府"，再到改革开放后的政府、市场和社会的逐渐分离，政社关系表现了与资本主义社会中的市民社会自然生成的状态不同的形态。贾西津（2003）认为，这种特性主要表现为政府在国家—社会关系重塑方面的推动作用，这就使我国的社会组织生长呈现"自上而下""自下而上"和"官商合作"的三种生长路径①。

无论是在历史上还是在当代社会，中国的国家、政府、社会、公民之间的关系交融程度都要远高于西方国家，而市民社会理论却对国家、市场、公民的界线做出了清晰的划分。由此可见，片面地强调非政府组织的自由发展、单纯地强调社会自治而不考虑具体的社会治理事务中各种组织、个体相互关联、相互影响的特征，这样的研究是缺乏实践经验的，在我国的社会治理结构中是缺乏可行性的。就中国的特殊国情而言，虽然市场经济得到前所未有的发展，但政府主导的发展路径使社会组织被行政管理结构所覆盖，中国语境下的社会组织或处于治理结构的边缘，或依附在行政管理体制之中。这些具有浓重的行政管理色彩的组织与社会自组织有本质的区别。因此，要描述和改变我国社会组织发展的制度环境、理解政府与社会组织之间的关系，必须建立在对治理结构做出客观分析的基础之上。

2. 国家"掌舵"的利益集团博弈：法团主义中的政府与社会组织

法团主义是国家—社会关系研究中的另一取向，于 20 世纪 90 年代中后期、在人们对市民社会理论的质疑中兴起。前文已经指出，市民社会理论强调社会自治的能力和市民社会对抗国家的论调不同，而法团主义则强调国家在社会治

---

① 贾西津. 中国公民社会发育的三条路径［J］. 中国行政管理，2003（3）：22-23.

理结构中的主体地位以及组织化行为在政治结构中发挥作用的方式。因此，"法团主义不是关于行动，而是关于结构的学说。它的基本目的是要提供社会结构的若干理念类型，这些类型特指社会不同部分的制度化关系，其重心在集团行为和体制的关系"①。

在自由主义出现危机时，法团主义提供了一种新的社会治理思路。陈家建认为，法团主义与中国社会有着多方面的契合性，在中国的城市和农村业已出现法团化的组织结构②。然而吴建平则认为，法团主义是建立在市民社会的基础上的。在分析了法团主义的制度特征后，他指出，法团主义要建立在市民社会的基础之上，虽然中国在改革开放的过程中逐渐形成了市场经济，但并没有产生自由市场条件下的市民社会，中国的政社关系也不能用同样需要市场条件的法团主义来解释③。因此，中国的政社关系与法团主义的结构分析只具有表现形式上的相似，中国的法团主义只是一种表象，"目前中国的社会冲突并非源于诸多不同的利益表达，而是由于社会中缺少利益表达而产生的国家作用的超强发挥以及社会自组织对国家的'制度依赖'。"④。

我国的国家—社会关系具有独特性，而市民社会理论和法团主义理论都受制于社会客观条件，因此，这些国家、社会分立的理论模型不能从根本上描述中国社会的状况。康晓光认为，"'政社关系'嵌入民族国家的整体结构之中。政社关系涉及政府和社会组织，与政治和社会直接相连"，并且通过对实证案例的分析概括出中国的政社关系的五种类型：合作关系、协同关系、无关关系、

① 张静. 法团主义——及其与多元主义的主要分歧［M］. 北京：中国社会科学出版社，1998：24.
② 陈家建. 法团主义与当代中国社会［J］. 社会学研究，2010（2）：30.
③ 吴建平. 理解法团主义——兼论其在中国国家与社会关系中的适用性［J］. 社会学研究，2012（2）：174.
④ 苗红娜. 社会冲突治理中的法团主义策略及其在中国的适用性探讨［J］. 河南大学学报，2014（6）：48－53.

制衡关系、敌对关系①。

以上两种研究路径可以归纳为工业社会中管理型社会治理格局的政社关系。随着社会后工业化进程的加速，社会的复杂性大大增强，社会治理也面临着各种复杂的形势，加入到社会治理环境中的参与者增多，具有相似治理诉求的组织构成了不同的社会治理主体，在这些组织成为社会治理主体时，却在社会治理过程中获得了共同的责任与权利，如果说组织之间存在差异的话，那也主要是体现为专业责任上的区别，而不是说它们在"政府""非政府"的性质上有什么差别。因此，以国家和社会为分析维度的二元范式在解释治理结构和组织行为时，显得越来越力不从心，新的研究需要跳出国家—社会关系的二元范式来思考政府与社会组织的关系，需要从两者共同的社会治理责任和社会治理结构的网络化格局中去研究社会组织。

三、行动社会学的视野：组织行动与个体行动的关联

20 世纪中后期开始的大规模的政府再造运动共同表达了传统官僚体制已被新形态的以市场为基础的治理模式所取代的观点，并认为公共部门正浮现出新的范式②。在以行政组织为中心的变革运动中，非政府组织作为公共管理参与者的角色被重新认识，它逐渐脱离了传统政治学研究对于非政府组织的合法性路径的探索的研究，转而采取一种以社会治理为基本情境的、社会资源整合为具体行动方式的社会组织的专业化的研究，这些研究共同表现了在新的社会治理状态下，组织的结构和行动方式都有所改变，从研究视角上来看，多采用一种中观甚至微观的视角，用以观察组织现象，与以往有了较大的差异。

---

① 康晓光. 君子社会——国家与社会关系研究［M］. 新加坡：世界科技出版公司，2013：35.
② Owen E. Hughes. Public Management and Administration：An Introduction［M］. Palgrave MacMillan，2012：1 - 4.

公共领域中的最典型的组织合作行动特征体现在政府与社会组织的关系上。在社会治理实践中，社会组织与政府互动具有多样性，这一方面是由政治和行政系统的权力布局造成的，如中央政府的宏观引导、地方政府的自主发展策略和行政组织的局部利益；另一方面则是由社会组织自身整合资源的能力和服务范围的差异引起的。基于这些现象，研究者们对这些互动模式进行了总结，提出诸如"吸纳"[①] "嵌入"[②] "间歇式亲和"[③] "双重脱嵌"[④] 等政社关系模式。这些关系在不同程度、不同角度方面描述了公共组织的行动途径，总体上能够描述工业社会中的社会组织的结构特征和制度特征，但这些研究之所以难以为继也难以解决社会组织发展中的实际问题是因为它没有脱离结构主义分析的束缚。

近年来，已有相关研究从行动的角度去对社会组织行动做出研究，如张紧跟呼吁非政府组织研究从结构争论转向行动研究[⑤]。汪锦军、张长东（2014）以社会中的国家（State in Society）的视角，采取宏观微观相结合的方式分析社会组织行为特征及与政府的互动，用过程导向的分析方法，指出行业协会与政府的互动处于纵向网络和横向网络的动态变化中[⑥]。然而，这些研究也没有对社会组织的行动特征做出学理上的抽象总结和分析。后工业社会中的社会组织

① 康晓光. 行政吸纳社会——当前中国大陆国家与社会关系再研究 [J]. Social Sciences in China，2007（2）：116 - 128.

② 刘鹏. 从分类控制走向嵌入型监管：地方政府社会组织管理政策创新 [J]. 中国人民大学学报，2011（5）：91 - 99.

③ 黄靖洋. "间歇式亲和"：基层政府与行业组织关系研究——基于 Q 县田野调查的分析 [J]. 社会建设，2014（2）：70 - 83.

④ 崔月琴，李远. "双重脱嵌"：外源型草根 NGO 本土关系构建风险——以东北 L 草根环保组织为个案的研究 [J]. 学习与探索，2015（9）：19 - 24.

⑤ 张紧跟. 从结构论争到行动分析——海外中国 NGO 研究述评 [J]. 社会，2012（3）：198 - 219.

⑥ 汪锦军，张长东. 纵向横向网络中的社会组织与政府互动机制——基于行业协会行为策略的多案例比较研究 [J]. 公共行政评论，2014（5）：88 - 108.

日渐脱离社会冲突、社会运动、激烈的集体行动等工业社会中特有的反控制的行动模式，在社会日常生活的治理方面展示一种创新的姿态。社会治理中的行动至少是基于众意的，这种行动具有主动、自愿、公益的特征，既是治理行动的权力来源，也是行动者的服务性、合作性特征的核心。对于社会组织来说，这是它天然的优势。我们可以看到，行动主义视角下的社会组织研究首先要发现其社会属性，然后才有可能建构组织行动的框架。

从以社会组织为核心词汇的研究进路来看，研究者逐渐将研究视角聚焦到社会组织现象本身，展示出由浅入深、由远到近的认知过程。社会组织是社会后工业化过程中产生的一种新的组织现象，不属于工业社会的管理型治理结构，因此，已有的研究多在管理型治理的理念和思路中展开，导致社会组织的自主性和专业化、本土化问题无法得到令人满意的答案，因此也影响社会组织的行动能力和管理规则。所以，无论是对于社会组织的结构还是行动，我们都需要用新的视角去观察，创造新的理论去解释。

实际上，从组织的微观构成来看，每一个组织都由独立的个人组合而成。人最重要的特征就是："人们彼此不可分离，他们不像物质身体那样是相互排斥的，属于此人的一部分就不能属于另一个人，他们相互渗透。"① 因此，尤其是对于社会组织这种需要组织成员做出主动选择的组织类型来说，成员的主体性、道德性与关联性特征就表现得特别明显。社会组织是专门从事社会服务的组织，不能脱离具体的社会环境而存在，社会属性是社会组织的最本质属性，也就是说，社会组织中的成员、社会组织的服务对象、社会组织行动需要整合和创造的社会资源，都是相互依存、共生共在的。所以，在此基础上再来考虑组织的行动与结构，就与结构功能主义的视角有了完全相反的结论：组织的结构、制

---

① （美）查尔斯·库利. 人类本性与社会秩序 [M]. 包凡一、王溦译. 北京：华夏出版社，2015：87.

度、权力配置等构成性要素是为了实现组织的行动任务、完善人的社会属性。组织并不是没有结构，组织的结构是组织行动的具象描述，组织研究也并不是要忽略结构，而是将结构作为行动的一种持续性、流动性状态呈现出来，这样的变化体现了行动主义原则的过程性特征。行动主义是后工业社会的基本原则，既是个人行动的原则，也是组织行动的原则；既是社会治理的原则，也是社会行动的原则。因此，解释社会组织现象，解释社会组织运行所面临的问题，应该选择一种全新的视角。

第三节　研究方法：反思性阐释

库利（2015）曾说："社会的复杂在于它的组织形式，即由互相区别的部分形成的不断增强的联系。而现在人们必须既反映联系又反映区别，必须同时成为更明显特点的独立的人和胸怀世界的人。"[①] 这是一种体现整体性思维的社会科学的价值观，因此，在此价值观指导下的研究方法也要有能够关照社会现象全景的视野。法默尔（2005）曾在《公共行政的语言》中采用"反思性阐释"的方法对于现代性语境和后现代性语境中公共行政的基本问题做了反思与阐释，这给本书以研究的灵感。

反思性阐释这一方法源自韦伯（2005）的观点，以诠释的方式理解社会行动，并且把主观意义及其行动者联系起来。[②] 这一反思与阐释的逻辑，在理论

---

① （美）查尔斯·库利. 人类本性与社会秩序 [M]. 包凡一、王湲译. 北京：华夏出版社，2015：103.

② （德）马克斯·韦伯. 韦伯作品集Ⅶ：社会学的基本概念 [M]. 顾忠华译. 南宁：广西师范大学出版社，2005.

和实践两个层面上展开，这一方法的第一个目标就是要分析社会组织发展过程中一系列的假设，即社会组织在社会治理中的角色，这些假设已形成一种思维定式，塑造了社会组织管理和实践的事实，并且这一分析也应该包括探究和评价这一假设与事实以及可能的事实之间的联系，还应包括评价产生事实的一系列假设的特征。因此，根据社会治理的状况和社会组织发展的实然状态，我们要选择结构化理论来进行描述和反思，这一内容包括社会组织在工业社会中的产生背景、过程、制度环境、组织本身的结构化行动特征等。第二个目标就是要对另一套核心假设，即社会组织的应然角色作类似的阐释和论证，指向社会组织的角色构成和未来的组织行动机制。概言之，本书分为两个层面：一是社会组织实然角色状态和发展阶段层面的分析与反思，二是社会组织应然的角色特征与发展路径的逻辑建构（见图1-1）。

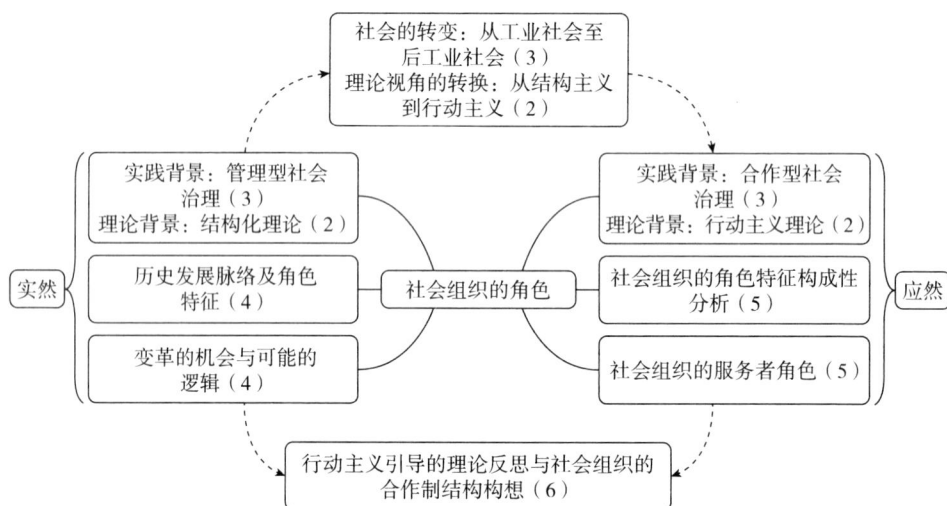

图1-1　反思性阐释思路图

资料来源：笔者整理所得。

　　法默尔这样描述反思性阐释："反思性的阐释是这样一门艺术，它力图描绘出和运用我们借以理解和创造公共行政现象的方法所具有的解释学的、反思的和语言学的系列特征；它还是一门考察构成我们用来观看的理论透镜的那一系列替代性的、社会地构成的假设（它们又构成了另一组透镜）。这一阐释之所以是反思性的，就因为——基于相同的原因——其关注的焦点乃是透镜和替代性的透镜，而不是通过这些透镜而'被观看'的对象；也就是说，其所关注的是看的行为和看的视角的选择。……透镜这个术语在此指的是我们借以观看的系列假设和基本的理论框架。我们不可能逃避框架，但我们需要认识到，正是它形成了（创造了）我们观看的方式。"① 这种方法给本书的启示是：通过不同的视角观察到的事物，其表现出来的现象、状态及特征是不同的，因此，研究者、观察者只能观看、理解他本人正在观看的事物，并且能在一定程度上预见如果采用不同的视角观察可能出现不同的结果。所以，研究者首先要关心的不是事物本身，而是观察事物的方法。

　　基于反思性阐释的方法，本书采用行动主义的视角，对当前社会治理变革时期的社会组织进行中观分析，旨在论证其在社会治理结构中的特征、优势以及对社会治理结构的变革所产生的反馈作用。从方法论上来看，结构主义关于组织的研究是实践和经验层面的规范性的研究，多集中于组织的形式、结构、类型与规模上，力图通过客观、理性来表达社会行动中的若干规律，重视定量分析和模型建构，注重还原、强调普适性，相对而言容易把握。但是行动主义视角的研究是一种分析性研究，注重组织的过程分析，重视组织的复杂构成，高度重视实践与环境因素，强调具体化、情境化的意义，侧重田野调查、定性

---

　　① （美）戴维·约翰·法默尔. 公共行政的语言——官僚制、现代性和后现代性［M］. 吴琼译. 北京：中国人民大学出版社，2005：19.

分析和逻辑推理与归纳。总而言之，选取行动主义的视角原因有二：

首先，因为社会组织内部治理行动和管理实践。由于社会组织的从业者面临的行业困境，却同时具有坚定的职业操守和信仰；又由于社会组织的发起者或负责人同时负载着社会理想又置身于焦虑的社会现实环境，由于社会组织处于社会变革的最前沿，对社会治理的结构和体制变革具有高度的敏感性，它们的价值取向和行为路径天然地具有行动主义的特征。

其次，传统的社会组织研究已完成其研究任务，需要新的理论框架回应新的社会治理需求。社会行动的研究出现了新的转向，对于制度、结构的行动分析大大拓展了传统组织研究的视野。这一重要理论转向为合作治理结构的分析和论证做出了重要贡献。

第二章　转型中的组织研究

　　组织研究的转型受行动主义思想的启发，致力于发现组织及其成员在行动中的主体性、社会性特征。这一观点源自现象学流派对唯物论分离主客体的批判，也就是说，在行动的场域尤其是社会行动的场域中，行动者是具有自主性的主体，虽然其行动受到环境的影响甚至制约，但其主体地位始终不会丧失，环境的复杂性状况是由多样的行动及行动关系构成的，因此，环境包含客观性但又必须在行动者的精神层面、在社会意义上被理解。在这种思路中去观察组织现象，就会自然而然采用一种整体性、系统化的思路：组织由个体构成，成员在组织中的行动不受结构和制度的压制，具有行动的自由和主动性，从中观层面来看，组织在社会的结构中也具有主动性。不同层面的主动性相互关联，这就形成社会性的客观要求，即行动者之间通过交往确立行动系统中的他者，行动的自主性并不指向自由主义的目标。

　　人类社会工业化的过程也是组织化的过程，工业社会中的组织包含科学与理性的工业社会逻辑。因此，组织通过刺激和满足人的自利性的方式来促进社会在物质层面的发展，却忽略了"人是社会关系集合"的本质属性。因此，规范人的行为的制度产生了，为了实现社会稳定和发展，人必须遵守秩序，将人束缚于制度和结构之中，使人失去自主性，走向自由的反面。工业化过程表现在组织研究的领域则是：组织的结构与行动是分离的，结构属于正式的、权力的层面，而行动虽然具有主动性，组织要取得行动的合法性，要附属于结构的设置，丧失主动性；要获得行动的主动性，往往要对立于结构，具有非正式的特征。

本章立足于组织研究的转型过程，反思组织研究中的不同视角，并应用到不同治理阶段的组织理论特征分析之中，通过对社会组织现象的反思性阐释，得到观察社会组织的角色在社会治理结构中的变迁过程的行动主义视角。我们所思考的所有问题都致力于发现人性、促进社会的发展，最终实现人的发展。在此基础上，我们再来考虑组织的行动与结构，就与结构功能主义的视角有了完全相反的结论：组织的结构、制度、权力配置等构成性要素是为了实现组织的行动理性、实现组织的治理任务、完善人的社会属性。组织并不是没有结构，组织的结构是组织行动的具象描述，组织研究也并不是要忽略结构，而是将结构作为行动的一种状态呈现出来，这样的变化体现了行动主义的原则。行动主义是后工业社会的基本原则，既是个人行动的原则，也是组织行动的原则；既是社会治理的原则，也是组织结构与制度的原则。

第一节　背景：社会学理论中的分析传统

一、社会行动机制性解释的可能性

社会学中的主体总是待分析的社会系统中的行动者。这些行动者通过行动使社会运行。基于对行动者的自主性的认识，研究者们逐渐将微观行动和宏观结构之间的联系发掘出来。例如，科尔曼对社会和宏观现象感兴趣，但他认为，群体或宏观层面的模式往往不能告诉人们集体行动如何发生，研究者必须从微观层面来发现真正的原因及解释。要解释宏观社会现象，不仅要进行现象之间的关联性分析，而且要确定引发相关社会结果的因果机制，因此，这就需要剖析在一个时间点上的宏观状态是如何影响个人行动的，以及这些个人行动又如何带来下一个时间点上宏观层面新的变化。[①] 谢林（2013）也在行动、冲突等领域做了连接宏观结构冲突与微观行动之间关系的研究，分析群体互动所引发的社会结果[②]。有研究者则进一步指出，关注基于行动的解释逻辑，指出社会学真正的解释必须说明现象发生的原因，并且对理性、社会规范和情感之间的关系，以及一些理性选择分析中体现出来的工具主义和功能主义表示了强烈的不满。进一步而言，这些分析者认为，关联不同规模、不同层面的行动主体的各种联系就是社会机制，这些机制能够规律性地产生某个特定结果的一系列主体和行为的组合。并且，"基于行动的解释是所有社会机制的核心。"[③] 也就是说，主体行动促成机制的产生与改变，这种机制看的是社会学的将来而不是过去。虽然这些研究从属于不同的学科或理论流派，但它们的共同点是寻求现实的、基于行动的解释，试图在明确建构的行动、互动理论基础上对特定社会现象做出具有预见性的解释。

行动者和行动是解释那些社会现象的机制的核心主体与核心行为。个

---

① （美）詹姆斯·S. 科尔曼. 社会理论的基础（套装全上下册）[M]. 邓方译. 北京：社会科学文献出版社，2008.

② （美）托马斯·C. 谢林. 微观动机和宏观行为 [M]. 李天有等译. 北京：中国人民大学出版社，2013.

③ （瑞典）彼得·赫斯特洛姆. 解析社会：分析社会学原理 [M]. 陈云松等译. 南京：南京大学出版社，2010：27.

人是行动的主体，也是行动关系和社会机制中的主体，个人和个人的行动导致待解释的社会层次的现象。主动的行动者之间的关联性互动产生了丰富的社会机制，也就是说，当同样的主体（个体行动者）被不同的行动方式连接起来时，会产生不同类型的社会结果，造成不同结果的并非行动本身，而是个体在不同行动环境中所采用的不同角色和不同的行为方式。在这个意义上，可以说是行动者之间的不同类型的连接结构形式组成了不同的社会机制。嵌入在这些机制之中的是更为基础的解释行动者个人行动的机制。社会现象是行动者主动创造的，而社会环境对于行动者的反馈也必须经过其自身的内化才能再表现出来。此机制可以被描述成主体（以及属性）和主体被关联的形式。因此，分析社会学中采用 DBO（Desire – Behaviour – Opportuninty）模式，用主体愿望—行为—机会三个分析维度，解释微观个体和宏观机制之间相互关联。这是一种分析思维，分析的是社会行动的构成性要素而非客观结构。此理论对于组织研究的转型来说，确实提供了一种可行的操作方法，至少，他们指向未来的机制分析为行动主义的组织研究留足了空间。

二、微观视角中集体行动的逻辑

行动及行动的原因是社会机制的核心。个体行动者不仅是行动的发出者，也是行动着的结构的核心，其行为则是行动的核心，因此，个体行动及个体之间的行动关系导致了待解释的社会现象。行动者之间相互关联的形式定义了互动的结构，尽管这个结构本身也会影响社会结果，但结构并没有吞并行动主体，造成和改变社会机制的依然是行动者。因此，嵌入在这些机制之中的是更为基础的解释行动者个人行动的机制。此机制仍然可以被描述成主体（以及属性）和主体被关联的形式。因此，仅仅理解行动者及其行动是不够的，还必须解释个体行动如何导致一定的社会结果，也就是要探求中观、群体层面的变化。赫斯特洛姆（2010）认为，行动者的期望、信念和机会共同决定个人的社会行动，并以此为起点分析中观层面的社会行动，解释个体行动与集体行动之间的实质性关联，而非像理性主义模型引导的那种建立在普通的归纳了一系列数据之间统计关系的统计模型之上。中观层面的属性包括四个方面："一是群体成员的典型性行动、信念和期望；二是分布和集聚的模式，例如空间分布和不平等；三是描述群体内成员关系的网络图谱；四是限定群体成员行动的非正式规则或社会规范。"①

社会学中对于社会行动的分析引导了一种新的分析方法的形成，这种分析方法对于研究组织行动的启示就在于：观察者需要身体力行地投入到他所关注的研究主题中，他不该被既有的理论结果所束缚，也不能将一些具有独特性的社会现象不假思索地置于理论模型之中，正如哈蒙（1993）所言，"理论不应戕害它所要描述、解释或说明的对象。当社会理论是有关社会实践时，它在政治和道德上的内容必须是清楚地被认知。虽然理论影响实践，但理论必须被认为是从实践中而来的。社会理论家应了解他本身是一位社会的行动者，而非仅是纯粹的观察者，而这一认知反映在理论中。通则化及规则化行为的理论取向不应忽视个别行动者的独特性与自由裁量的余地。"②

---

① （瑞典）彼得·赫斯特洛姆.解析社会：分析社会学原理［M］.陈云松等译.南京：南京大学出版社，2010：6.

② （美）M.哈蒙.公共行政的行动理论［M］.吴琼恩等译.台湾：五南图书出版公司，1993.

第二节　组织理论的研究框架：结构与行动

一、结构中的行动

人们比较熟悉通过结构化的概念来认识陌生的现象，"致力于从现存世界中制造出一些新的东西，因此他们转移对事物的应有看法，变得抽象起来，并把一定的环境分解为组成部分，以便重新组合它们。只有那种表现为结构的和形态的东西，我们才准备立即接受，并在根本上不希望改变他们。进一步而言，通过这种结构概念，人们正好力图稳定那些仍处于变动中的成分；同时，人们也祈求认可存在的东西，因为它就是本来的样子。所有这一切都清楚地显示，在什么程度上，即使抽象范畴和组织原则（它们似乎远离政治斗争）也源自于人类思维中超理论的、重实效的本性，源自更深的心理和意识层面。"① 因此，自社会学产生开始，人们就对结构化的理论非常偏爱，因为它可以迅速解决行动的不确定性带来的冲突。

结构化的理论就是要消除行动者及其行动的复杂性和不确定性，并将其限定在可控的框架之内。组织化的集体行动也是在规范性的结构中进行的。在结构化理论的理解中，社会是一种结构与行动纵横交织起来的宏大系统。帕森斯（2012）系统地阐述了社会行动，把结构性要素区分到最低限度，即分为目的、

---

① （德）卡尔·曼海姆. 意识形态与乌托邦［M］. 姚仁权译. 北京：中国社会科学出版社，2009：260.

手段、条件和规范。在这些成分的关系中包含一种行动的规范性取向，即包含一种目的论的特点。行动者、行动等要素作为可能产生结果的条件在一端，目的和规范性规则在另一端。就内在地关系到时间而言，只有按照时间，才能说明成分之间的相互关系。并且，规范性成分只能被设想为存在于行动者心中，在规范性实现以后，才能被观察者所理解。仅从社会行动的表层现象来看，所有的行动都是合乎逻辑的。① 所以，吉登斯认为，"帕森斯的行动者是文化呆子"②，希望通过行动框架来达到目的，走向主体为客体所支配。

吉登斯在《社会的构成》一书中提出结构化理论，主张"社会系统的结构性，是仅就社会行动的方式在时空向度上长期不断地被再生产出来而言的"③。在社会中，个体行动者建构了约束自我和他人行动的社会实践规则和制度，也通过行动对它们进行改造。并且行动者在实践和改造规则的过程中对照自身的行动，观察和改造自我，然后再在新一轮的自我重塑中建构新的社会行动规则。在日常活动中，人类社会生活被塑造和再塑造。他在结构二重性理论中用"互动、交流、权力、制裁"④ 四个维度来描绘社会实践中的行动结构："社会系统是通过持续不断的社会再生产而在实践和空间中被模式化的。一个社会系统因此是一个'结构化的总体'。结构除社会系统建构的时间外并不存在于时间和空间中。但我们可以从实践的历史绵延及其空间广延的角度来分析'最为深层的'结构是如何得到反复组织的，即它们跨越各种互动的范围到底有多广泛和

① （美）塔尔科特·帕森斯. 社会行动的结构［M］. 张明德等译. 南京：译林出版社，2012.
② （英）安东尼·吉登斯. 社会理论的核心问题——社会分析中的行动、结构与矛盾［M］. 郭忠华，徐法寅译. 上海：上海译文出版社，2015：58.
③ （英）安东尼·吉登斯. 社会的构成［M］. 李康，李猛译. 北京：生活·读书·新知三联书店，2008：21 - 23.
④ （英）安东尼·吉登斯. 社会理论的核心问题——社会分析中的行动、结构与矛盾［M］. 郭忠华，徐法寅译. 上海：上海译文出版社，2015：90.

普遍。从这两种意义而言，社会系统中最为深层的构成性实践是制度。"① 吉登斯在结构中加入时间要素来分析社会，赋予行动结构二重性，即社会系统有能动性，也在不断地结构化，结构化又能促进行动者的能动性再生产。在历史的视野中，结构化的行动连续成系统，展现社会结构的历时性过程，这也就是制度生成的过程。因此，制度并不是独立地作用于社会行动及行动主体上的，而是潜移默化的引导行动。每一个行动主体都在长期的社会生活中吸收了大量的关于他自身的社会制度的知识，因此制度性的要素很难从环境中剥离出来，而是随时地表现在行动及行动系统的每一个方面。

吉登斯同时也指出，行动与结构之间的关系不是机械重复，人类行动的创造性使社会行动不可能像机器一样执行固定规则的命令，使社会呈现持续的结构性的变化，这就带来社会进步或冲突，其中，现代化是社会中诸种冲突的根源。吉登斯认为，现代性最重要的方面之一是，传统由专门知识所替代，其后果越来越全球化——没有人可以完全避免随之而来的"脱域"机制。专家、专门知识、专家系统是脱域机制的关键组成部分：它们与局部的具体环境之外的原则相联系，它们要求对抽象的论证和普遍的原则赋予信任。然而，人们期望脱域的专门知识成为合法权威的来源并且期望它指导人类行为，这就为人类自身制造了紧张。所有的知识都任由纠正和不断地改进，全球化的本质意味着现在世界上每个人都至少在他们生活的某些方面经受着脱域，结果是每个个体都不同程度地体验着社会的不确定性，"工业文明打破它自己制定的成形制度，同时使其失去平衡"。结构化理论认为，行动的意外后果以及行动未被认识到的条件促进了结构与行动的交互建构，社会整合得以发生，其目的就是恢复结构的

---

① （英）安东尼·吉登斯. 社会理论的核心问题——社会分析中的行动、结构与矛盾［M］. 郭忠华，徐法寅译. 上海：上海译文出版社，2015：72.

稳定性与平衡性。那么，在"意外后果""未被认识到的条件"变成一种常态时，结构化理论再来分析社会变革就显得迟钝而滞后。

虽然行动者具有能动性，但组织行动是在寻求结构、资源、权力的平衡而非行动者能力的均衡，因此，结构化的过程消耗了资源、权力，使制度难以成为行动者表现反而使行动者成为制度的一部分。在结构化理论看来，"结构被理解成社会关系的模式，功能则是作为系统的模式实际是如何运作的。结构是一个描述性概念，主要的解释性负担落在了功能身上。"① 功能承担着解释社会关系的状态的任务，不仅要指出如何达到平衡，也要解释冲突存在的原因。结构功能主义信守共时和历时或动态与静态的划分，不仅关注结构，还关注系统。② 这样，结构与功能形成的动态体系就统一起来，对于解释社会的复杂性和不确定性现象有了完整的脉络。例如，吉登斯用"行动的理性化"来回应行动的不确定性，用"行动的反思性监控"来分析行动产生的意料之外的结果。

结构化理论符合工业社会的历史背景。组织的结构、效率、合法性等问题都通过科层制来解决，并且取得了令人瞩目的成果。但科层制在完成工业社会的科学化、效率至上的要求之后，无法继续完成后工业社会中复杂的组织变革任务。"若想有切实的变化，若想让科层消亡或者至少得到削弱，人就必须获得新的能力：面对压力的个人能力，组织和维持那些更多建立在交流上而较少建立在防范上的游戏的集体能力。……这里牵涉文化的维度。由家庭模式、社会化模式、教育模式等传播并经社会生活经验不断强化等的一个国家社会的特征，深刻地影响着这些能力的可能发展。国家社会的特征构成对一切变化极为强大

---

① （英）安东尼·吉登斯. 社会理论的核心问题——社会分析中的行动、结构与矛盾［M］. 郭忠华，徐法寅译. 上海：上海译文出版社，2015：79.

② （英）安东尼·吉登斯. 社会理论的核心问题——社会分析中的行动、结构与矛盾［M］. 郭忠华，徐法寅译. 上海：上海译文出版社，2015：67.

的制约。"① 可见，克罗齐耶（2002）在描述"科层现象"时就隐约意识到组织行动体系的综合、复杂特征。就目前社会正在经历后工业化过程而表现出的高度复杂、高度不确定性特征而言，"每一个行动者都对自身作为其成员对社会拥有广泛、熟悉而细致的知识；所有个体行动者都只是社会其他行动者中的一员；实践意识与话语意识的参数以特定的方式结合在一起，即以行动者活动的情境性特征联系在一起"。②

结构主义中的人是原子化的独立个体，虽然实际情况往往并不如此，但诸种社会制度建构之初的诉求是要实现人的独立与平等的。为了实现这些目标，就要有制度和结构约束、规范人的行动，人的意志自主性及其行动合法性要依附于社会规则和制度而存在。组织中的人及其行动是组织的主体，制度和规则是组织的客体，两者之间具有明确的区别，人需要消除其主体性来符合组织客体而存在。为实现客体的功能，主体需要尽可能地隐匿甚至消失，规范、结构等要求主体克制主动的思想和行为。那么，对于社会事件的研究就变成：一个单独的、独特的现象可以按照整个的理论模型得到科学解释、外部环境如何引起内在反应、研究结果就成为尽可能地符合物理模型的一些客观存在。

结构化理论的初衷是要简化行动中的复杂性要素，促成行动的效率，达到某些特定的目标。因此，这些理论模型在微观的、短期的、局部的具体问题研究中成效显著，能够对局部问题产生立竿见影的效果。在复杂环境、历史性场域中，这些理论模型被置于与精神现象、主体世界相关的社会行动中，就产生难以估量的负面作用。总而言之，形式社会学因为担心发现内部的深层冲突而将事物的本质掩盖起来，回避了对社会问题做出历史的、具体的、独特的探讨，

---

① （法）米歇尔·克罗齐耶. 科层现象［M］. 刘汉全译. 上海：上海人民出版社，2002：8.
② （英）安东尼·吉登斯. 社会理论的核心问题——社会分析中的行动、结构与矛盾［M］. 郭忠华，徐法寅译. 上海：上海译文出版社，2015：81.

它在面对某些具体问题时具有合理性，但却企图将这种合理性扩展至社会现象的每个方面，这样的动机妨碍了具体分析方法的产生。正如曼海姆（2009）指出的，机械主义和功能主义的方法不仅被用于考察物质世界，还被用来探索社会世界的终极构成要素，并且试图确立行动目标，重新组合，达到社会和谐。因此，人们努力认识世界、创造知识，目的就是按照这种终极目标来塑造社会。"人们分析社会是为了实现一种更公平的，或让上帝更满意的社会生活方式；人们关注灵魂是为了掌控通向拯救的路径。但是，人们在分析中走得越远，他们的目标就越是从他们的视野中消失。"①

结构化解释的不可能性恰恰存在于人的主体性的存在，因为主体是不可能消失的。结构功能主义的失败就在于，将社会个体的总体性、主动性割裂之后，再寻求不完整的个人在不同结构中的平衡。这就需要建立制度来加以引导人的行为，然而此过程又加剧结构和行动碎片化的程度，制度与结构都用于规范人们之间的行动关系，制度越多，行动受到的限制越多，人的社会角色就越分化，人们之间的关系越复杂，社会行动积蓄的能量越多，结构的力量就越薄弱。行动者主体性的存在意味着行动过程中不可避免地包含有丰富的经验性要素，虽然社会事件具有客观因素的存在，但它们绝不仅是客观的结构性存在，不是简单的由位置、时间、效果等要素构成的物理学框架，而是与行动主体的精神相关联，对于社会人来说，所有的社会事件都会引发精神事件。人们不可避免地按照自己的理想和原则来理解自我和社会行动。

二、结构化理论中的行动

"一切组织都是发生在特定的社会背景下的，组织有自己的历史，它的历史

---

① （德）卡尔·曼海姆. 意识形态与乌托邦［M］. 姚仁权译. 北京：中国社会科学出版社，2009：18.

也就是社会的发展史。"① 因此，观察社会，就要观察组织，要探究社会的变革，就要了解组织的变革历程。在结构化理论中，因为削弱了组织内部成员的主动性，组织内部的人际关系是简单的，但这种简单不会持续下去，在组织化演进过程中，因为个体之间关联性的增强，自我与他人的关系变得更加复杂。为了实现个人利益，自我必须依靠自身之外的力量，必须依赖于组织，这就给组织"实现共同利益"的行动目标，组织也因此得到更多的认同，但是，组织谋求自身凝聚力、增强认同感的途径往往是消除成员的异质性，而组织成员的主体性是不能被彻底消除的，组织不可能将人变成组织的工具，因此，随着人的主体性特征的复兴，组织成员越来越将认同关系维持在形式上。个人在组织中失去了社会性的自我，失去了本质性的特质，异化为组织人。进一步而言，自我与他人的"承认"关系在组织中异化为组织认同，也就是组织对个人的认同，即便是他人对自我的认同，往往也需要经由组织认同来完成。人们只有进入组织、获得组织认可，才能获得合法身份、获得行动的权利。这是对人本身的认同的异化，进而，这种异化导致组织的封闭和内卷化，组织之外的人无法得到认同，所以要得到认同必须加入到组织中来，那些没有被认同的外部人，就被排斥到边缘，因此，被组织认同的过程，也是组织结构化的过程。被认同的个体在组织内的行动可以概括为协作行动，每个成员都是组织结构的结构性要素，也是组织行动的结构性要素，彼此承认、彼此约束。在组织所有的活动中，不存在具有自主性的个体，只有被组织承认的个体。如果没有承认，那么就要被排斥在组织之外，即便获得作为社会人的自主性和行动自由，也没有合法性可言，因而所谓自由也失去了意义，反而是组织内异化的认同可以带来安全感。"从更宽广的视野来看，组织本身也成了一个大型的自我，与其他组织以

---

① 张康之. 行政伦理的观念与视野 [M]. 北京：中国人民大学出版社，2008.

及环境之间也形成了这种中心—边缘结构。"①

　　被固定下来的组织认同成为制度,结构化理论一般采用制度分析与策略行为分析的方法分析社会行动。② 也就是说,研究行动者如何在组织认同的环境中行动,那么关于成员行动的研究,就成为行动的制度化研究;关于组织行动的研究,实际上是组织行动的合法性研究。本质上都是对制度和结构的分析,而非行动的分析。制度分析是将资源和规则看成是社会系统再生产的恒久性特征,"在制度化的早期阶段,组织对于某种新形势的采纳,是出于它们对各种特殊的需要与利益选择。而随着制度化过程的进行,规范要求与文化要求日益积累,并达到采纳某种新的组织形式已不是可以选择的事情。"③ 而策略行为分析则研究行动者在其社会关系中利用结构性要素——规则与资源的方式。组织结构为自我意识、认同关系和普遍竞争提供了广阔的空间,也因此为规则的形成方式、规则的运行程序、资源配置过程提供了无限的可能。行动者往往在规则的运行方法和资源配置的具体事务中发生认同危机,既包括自我认同危机,也包括对他人的认同危机。组织具有治理的功能,它集合社会个体的资源与行动,但是,虽然组织承载了个体的主动性,它却需要个人泯灭个性服从组织规则与制度的安排。组织通过强迫、模仿、规范自己的行为来适应制度环境,获得合法性。并且,组织间的依赖关系、组织目标的模糊性使趋同特征④愈加明显。这就使组织和个体被合法化的诉求驱动,即压抑主观能动性,成为制度的一部分。

---

　　① 刘吉发,肖涵. 近代社会中心—边缘结构视角中的异化问题 [J]. 西北大学学报(哲学社会科学版),2015 (6):152 – 157.

　　② (英)安东尼·吉登斯. 社会理论的核心问题——社会分析中的行动、结构与矛盾 [M]. 郭忠华,徐法寅译. 上海:上海译文出版社,2015:88.

　　③ (美)W. 理查德·斯科特. 制度与组织——思想观念与物质利益(第三版)[M]. 姚伟,王黎芳译. 北京:中国人民大学出版社,2010:171.

　　④ DiMaggio, Paul & Walter Powell. The Iron Cage Revisited: Institutional Isomorphism and Collective Rationality [J]. America Sociological Review, 1983 (42):723 – 726.

　　随着实践的发展，组织环境复杂性的增强，研究者们更倾向于制度中的传递者、制度信息的接收者、成员之间的不同关联属性等会使制度变异。总而言之，在对组织进行制度分析的过程中，研究者注意到了微观与宏观之间的关联与相互作用，并且试图通过增强对微观因素的确定性分析来增强制度的稳固性。这加剧了制度的分裂、组织行动的碎片化，导致组织结构越来越具有形式的特征。实质上，合法性机制是隐含价值理性的诉求的，但它却因为自身的稳定性追求而走向了价值理性的反面，离工具理性更为接近。制度分析遵循结构主义谋求确定性的价值理念，符合工业社会中的工具理性、技术理性的理念。组织是产生于制度的需要，为了实现社会的确定性、稳定性，而将社会成员组织起来，建立确定的制度与规范，使组织成员们在制度框架内行动，也使组织依附制度而存在。制度自身生产稳定性的需求，不断分化出新的规范，因此新的组织也就产生了。

第三节　在行动中观察组织

一、把握行动的意涵

　　社会世界与人的精神世界都处于连续的、流动的状态中。因此，描述流动的状态，动态词要优于静态词，但是，"我们给流动中的事物命名，不可避免地暗含有某种定位于集体行动方向的稳定性。"① 社会生活是复杂的，表现为相互

---

① （德）卡尔·曼海姆. 意识形态与乌托邦［M］. 姚仁权译. 北京：中国社会科学出版社，2009：21.

依赖的、流动的结构，既有历史的延续性又有社会群体的结构性。社会生活中集体行动推动的结构性变迁与历史在时间上的延续紧密关联，要想理解行动与结构，必须追溯详尽的关联。

尽管社会行动为行动社会学的分析提供了基本的概念范畴，但社会行动具有非常宽泛的意涵，当行动者采取意向性的行动影响他人或者更多人的社会生活时，这种行动就可以归结为社会行动。图海纳指出，历史行动主义对于社会系统的分析是建立在功能主义所建立的稳定社会结构基础之上的，他断言：人际关系准则成为社会行动研究的基本主题，而社会系统的概念则属于社会行动形式的研究。功能主义对于解释工业社会的宏观社会现实具有合理之处，但功能主义对冲突和人的诉求的存在和扩展是持恐惧态度的，因此在解释人际关系方面的问题以及人际关系与宏观社会结构的关联之时总是捉襟见肘。行动主义为新的社会组织研究提供了启示：社会行动形成了一种"连续统"，"这一连续统是相互依赖又相互竞争的行动者体系的连续统，其中，行动者们围绕限定的问题与问题的解决方案，结合在一起。这一连续统所关注的中心，是规则机制，抑或更为准确地说，是有待于发现的规则机制。"① 行动主义的视角总体而言还是为我们提供两个重要的切入点，那就是连贯、复杂的行动系统以及具有自主性的行动者。因此，无论研究者具有怎样的研究偏好，这两点都是行动学派首要的理论假设。

哈蒙（1993）在《公共行政的行动理论》开篇提出了若干命题，这些命题指出了社会科学的核心议题以及为何要把握行动。他说："对人性的信念是发展公共行政理论与社会科学其他学科的核心。为发展并整合知识论与描述性和规

---

① （法）阿连·图海纳. 行动者的归来［M］. 舒诗伟，许甘霖，蔡宜刚译，孟慧新校. 北京：商务印书馆，2008：1－13.

范性的理论提供基础，这些信念应在本体论上有其根基，而非为了便利所做的选择。"① 在这样的理论原点上展开思考，就应该以直接的、面对面的场域为主要分析单位，至少，这样的场域应该优先于那些形式上的、结构化的团体、国家或者系统。在面对面的、活生生的场域中的行动者，是完整的人，也就是说，本质上不是消极被动的，而是自由而积极的，不是原子化的，而是社会性的。也就是说，人在行动时具有受限于环境的自主性。但是，社会环境也将人定义为人，所以它对人而言也并不只是一种限制性的工具，反而在更大程度上是一种积极的促进或启发。进一步而言，立足于自主的、社会的主体间关系，可以得到主体之间相互关联的论断，这就意味着理解行动价值的本质在于主体间的互依性。所以，人的主动性与社会性，蕴含着行动主义的价值观，着重于人赋予其行动与他人行动的主体意义。社会科学的描述语解释主要是有关行动的概念，注重人们赋予其行动的日常意义。由此也可见，社会科学中行动主义原则的确立对以行为分析为取向实证研究的正当性提出了挑战。发展组织社会学的研究，主要的概念问题是搞清楚组织行动的实质与过程，个人与集体的构成性关系及它们行动的意义。

论及行动者与行动之间的持续性的关联，舒兹（2012）指出：行动有时是一个完成式的名词，是指已完成的客体，一个确定的结果；但有时它是动词，是指一个正在发生的过程、一连串正在进行的行为，不断发展、不断形成、不断变化。行动者是承载行动的主体，是行动的"自我"，自我意识将行动的客观结果串联起来，使行动具有持续性的社会意义："自己或他人的任何行动有可能以这种双重观点呈现出来。我的处在过程中的行动呈现的是一连串关乎现在的经验，更精确地说，我经历的这些经验不断地生成流逝，而我意向中的行动

---

① （美）M.哈蒙.公共行政的行动理论［M］.吴琼恩等译.台湾：五南图书出版公司，1993.

呈现给我的则是一连串预期的未来经验,相形之下,我已完成的依然行动呈现出来的则是一连串已完结的经验,我可以在记忆中反省它们,我所谓的行动的意义不仅关联到行动进行时的意识体验,还关联到我的未来体验(称为我意向中的行动),以及我的过去经验(称为我已完成的已然行动)。"①

舒兹将主体性与行动之间的连续性解释为个人经验上的持续作用,这是否意味着社会行动要从心理学的意义上去理解?并非如此。因为心理学的方法把人的行为置于其个人生活经验而非集体生活经验的原初情境中去理解,也就是说,它并不考虑人在社会世界之中不可逃避的各种关联性要素,心理学的方法只能从生物学和纯粹心理学的角度来回答个人遭遇的问题,只能应用于个人。这种对人的社会属性的认知差异也是心理学与社会工作学的分野。社会工作正是在社会人属性的基础上展开研究与实践的,人在社会中的行动模式大多具有社会意义,因此专注于个人分析、局部分析的方法是不够的。行动主义的研究正是要确立这样的价值观:在社会生活中,每一个人都在以不同的方式参与社会环境的改造,个体与环境之间几乎不存在互不干涉的领域。但这并不是说环境决定个体行动,而个体行动反馈于社会环境,而是说,如果对于个体的社会属性认识得足够深刻,那么观察长期的集体行动过程中的主体行动与意志就不会被束缚在心理学的方法中。并且行动主义的方法不仅意味着发掘主体行动的社会意义,还要将尽可能多的要素关联起来去解释主体行动引发的问题,研究者需要对历史性的场域进行深入的考察,承认时间与空间构成的复杂场域中的丰富的社会内涵。"因为个人的生活历史仅仅只是一系列相互缠绕、在这种社会巨变中有着共通的主题的生活历史的一部分;单一个人的特殊的新动机也是一

---

① (奥)阿尔弗雷德·舒兹. 社会世界的意义构成 [M]. 游淙祺译. 北京: 商务印书馆,2012: 46.

个由很多人以各种不同方式参与其中的动机体系的一部分。而把意义的个体起源同来自于群体生活的意义起源并列起来，则是社会学观点的功劳。"① 综上所述，把握行动者的自主性、行动的连续性构成了行动主义社会学研究的核心价值体系，行动主义原则引导的组织研究也应该在这些理念中发展。

二、组织的主体性与连续性

行动主义视角中的观点是指，行动系统是行动者主体性与社会性的表达，行动者在集体行动中得到表现和改进，而组织的结构是对行动路径的描述。具体而言，行动主义视角中的组织有主体性和连续性的特征：

首先，在组织中，主体性地位不是根据权力或占有资源的多寡确立的，"不是根据其支配和转变世界的能力，而是根据主体所决定的自身和这种能力之间，以及与那些使之运作的各种机制和话语之间的距离来界定。"② 行动主体的起点，是由模糊的、具有意向性的、充满活力的行动目标指引的，行动在开始之后突然遇到了一些障碍，这些障碍来自自我之外，与他人及环境相关，这就促使行动者反思自我，在反思过程中行动者会意识到自我行为方式和生活方式的独特性，因此，他对自我经验和自我意识的感知更加清晰，甚至从未感知过的潜意识、无意识也被发现，也因此寻找到产生障碍的原因，并进行自我控制甚至自我纠正。行动过程中自我发现的过程，是行动者主体性角色确立的过程。只有经历过对自我和他人的经验性感知，个体才会成为自我的主人。在自我与他人的比较和参照中产生的主体性意识使自我也落入自我的视野中，"我们成为对我们自己而言是可视的，而且这种可视不是指我们仅模糊地作为认知主体本

① （德）卡尔·曼海姆. 意识形态与乌托邦［M］. 姚仁权译. 北京：中国社会科学出版社，2009：26.

② （法）阿兰·图海纳. 行动者的归来［M］. 舒诗伟等译，孟慧新校. 北京：商务印书馆，2008.

身，而是指我们担当某种迄今为止未向我们显露的角色，指迄今为止我们处于无法知晓的环境之中，带有迄今为止我们没有意识到的动机。在这样的时刻，我们的角色、我们的动机以及我们体验世界的类型和方式之间的内在联系突然被我们弄明白了。因此，这些经验背后的矛盾，即从社会决定中获得相对解放的机会，随着对这种决定的洞见而相应地增加。"①

行动者具有主体性，并且具有社会性，即相互依存、共生共在。虽然连续的系统是研究者力图建立的分析框架，但行动重心和前提是必须确立行动者的主体地位，因此，行动主义的组织研究实际上致力于重新发现社会人的目标，很好地回应了后工业社会中人与他人关系重建的问题。人类在后工业化的过程中开始重新确立"社会人"的价值观，发现了自我之中的他者存在。具体而言，自我面临的问题，往往与他人相关联，虽然人们越来越具有独立的意识与行动能力，可是人与人之间的社会性关联却比以往任何时候都要紧密。在社会领域内，主体间性是指社会人在相互交往中形成的关系，这些交往关系关涉人际关系、价值观念、意识形态等层面的统一性问题。正如哈贝马斯所指出的，如果基于认同与信任的社会结构能够建立，那么就意味着主体间性已得到实质性的认可："道德自我理解中的自我依赖于接受者的承认，因为它首先是作为对他者要求的反应而出现的。……自我是作为绝对属于自己的东西而存在于我的自我意识中的，但仅仅依靠我自己的力量，我并不能把它保持住——它并不属于我。相反，这种自我具有一个主体间性的内核，因为作为其源泉的个体化过程贯穿了整个以语言为中介的互动网络。"② 因此，在主体间性中生成的自我并

---

① （德）卡尔·曼海姆. 意识形态与乌托邦［M］. 姚仁权译. 北京：中国社会科学出版社，2009：46.

② （德）于尔根·哈贝马斯. 后形而上学思想［M］. 曹卫东，付德根译. 南京：译林出版社，2012：191.

不是自由主义者，而是具有他在性的主体。

　　从这种意义上，我们可以理解为：与其说我们研究的是作为主体行动者的组织本身，不如说我们研究的是组织的行动及其关系。在明确组织成员主体性的基础上，考察成员行动之间的关系，就得出倾向于合作关系的结论："要理解诸种社会过程。这些过程通向一组行动者之间竞争性合作的建构与有序布局；这组行动者为了找出解决一个共同问题的方案而相互依赖，他们自己无法解决这一问题，为了找到问题的解决方案，他们不得不确保与同样也是潜在对手的当事人进行合作。"① 这就是说，行动者具有合作的现实基础和主观意愿，费埃德伯格力图在价值中立的情境中分析合作行动的必然性，然而对于公共组织而言，这种分析并不彻底，不能完全解释合作行动的基础。

　　其次，行动者既有无限的主动性与行动力，又同时受到时间、信息等条件等制约，具有局限性，但这种局限性不断被其能动性打破，他能够尊重社会情境的复杂性和不确定性，审时度势，主动而为，这不是为了求得一个最终的、确定的结果，而是在时间和空间高度融合的情境中的一种行动，只要人类、时间、空间没有面临终结的问题，那么人的社会行动就是一种没有终结的过程。因此，"必须把行动与多层次的空间和多层次的时间结合起来。"② 主体间性决定了行动主义的过程论。哈贝马斯从行动者与行动世界的关系的角度出发，将行动划分为策略性行动、规范调节的行动、戏剧行动以及交往行动。其中交往行动是至少两个以上的具有语言能力、行动能力的个体之间的活动，体现了"三个世界"③ 的关系。这些行动不仅能够说明行动者的独立行动的性质，还能

---

　　① （法）米歇尔·克罗齐耶. 科层现象 [M]. 刘汉全译. 上海：上海人民出版社，2002.

　　② （法）皮埃尔·卡蓝默. 破碎的民主——试论治理的革命 [M]. 庄晨燕译. 北京：生活·读书·新知三联书店，2005：208.

　　③ （英）卡尔·波普尔. 客观知识——一个进化论的研究 [M]. 上海：上海译文出版社，2005.

够体现行动者对于世界关系的反思。历史来看，所有的目的，最终都会成为过程，因此，交往行动实际上是对各种社会行动的抽象与概括，而前面三种行动则是社会结构中的某个具体时刻的横截面。①

行动主体与他人、社会环境的关联形成了行动的社会性特征，也因此产生了集体信任。因为个体行动与集体行动之间的转变是紧密相连的，以往通过价值、规范、金钱以及权利之类的控制理性抉择标准是行动者在有限时空条件和有限信息条件下做出决策的重要依据；因为这些决策标准符合人趋利避害的短期生活诉求，所以渐渐地形成了一种决策偏好。但是，在一个全球化和后工业化的条件下，事物之间的关联不断增强，个体行动和集体行动都直接面对一些宏大的历史性场景，因此，宏观的过程论对于组织行动的意义就在于它能够提供一种假设：决策者应该是尽可能成熟和具有远见的，必须意识到在长期的过程中，个人的福利、权利与集体的命运相关联。那么，这就产生了集体信任，因为行动系统中的个体行动者具有保护集体行动目标的共识，因此，就要保护个体行动与集体行动的一致性，也要保护集体中的信任。信任关系是行动环境中的重要资源，无论是个体行动者还是集体行动者，都可以从中受益。

在社会治理的条件下来认识关联性与连续性的问题更容易理解，只要我们对治理稍加思考就能得知，社会发展的历时性过程比稳定的同步性更为重要。因为行动体系各部分变化的速度不同，惯性也不同，所以治理行动也就必须具备包容和同时管理长短期行为的能力，也必须具备调控快慢速社会演变速度的能力。总体上而言，治理行动与时间的联系体现在对于系统稳定性和协调性的控制上。如果社会因为保持现状或为了保持特性而抵抗任何变化，或找不到变

---

① （德）尤尔根·哈贝马斯. 交往行动理论（第一卷）——行动的合理性和社会合理化［M］. 洪佩郁等译. 重庆：重庆出版社，1993：119 - 121 + 136 + 143.

化的原因、随波逐流、否定自我，就会遭受灭顶之灾。这就意味着治理行动既要允许自身决策所选择的变化，也要能够承受和对抗外在的变化。因此，社会治理要从关联性、持续性等有关时间的要素着手，既把握渐进行动的节奏，也把握改革的节奏，将行动共同体引入和谐的未来状态中。

治理主体通过把握行动规则来实现对过程和关联性的调控。规则本身存在一种矛盾：规则在大部分时候表示一种制约的力量，那么它就使人际关系、协商、对话这些充满自主性的过程变得多余，随后，人们倾向于寻找规则之间的空隙和规则之外的空间来进行另外的协商，这比规则所控制的领域更为广泛。"行动者将会运用他们的聪明才智消除制度化规则的制约性的一面。"因此，"组织最多也就是一种对市场进行调控的结构，一种用一个体系取代另一个体系的结构，前一个体系是就可互换性进行规制与协商的体系，而后一个体系是无拘无束地、任意置换行动者的体系。"① 规则的悖论在于它对行动关联性认识的不足。费埃德伯格（2008）将组织的行动规则划分为集体的认知机制、信息、知识和实用技能，资本化普遍化和调控冲突性合作的功能（这是一种政治性功能及策略性功能)②。通常，规则就被理解为"资本普遍化和调控冲突性合作的功能"，但实际上行动的规则则是一种集体的认知机制，也包含信息、知识和实用技能。因此，规则不是对行动目的的管控，而是对行动过程和行动关系的引导。无论是在组织的交往过程中还是在资源整合的过程中，规则都应该是一种意向性的引导，引导人的社会属性与向善的本性的发展。

组织的行动主义特征除了指向成员的主体性之外，还指向组织行动的他在

---

① （法）埃哈尔·费埃德伯格. 权力与规则——组织行动的动力 [M]. 张月等译. 上海：上海人民出版社，2008：190.

② （法）埃哈尔·费埃德伯格. 权力与规则——组织行动的动力 [M]. 张月等译. 上海：上海人民出版社，2008：186.

性，这就是说，组织根据道德的指引而行动，分配资源，设置权力结构，权力的分配根据行动环境的现实要求，在社会治理中，则要遵从公共性的要求或遵从治理问题专业性的要求来设置。组织中确实需要权力，"但仅限于社会权力。……组织权力在什么范围内是受到限制的？答案非常简单，就是在战争或大天灾出现时。此时社会的生存优先于其内部任何机构团体。……唯一的办法就是由组织的领导者共同负责思考决策。"①

权力是根据行动主体能力和专业分工产生的，因此是流动的。在组织成员的行动中，自身的知识、专业技能和道德等要素是超越等级规则的权威性要素。因此，组织要求建构合作的规则。"合作治理中的权力是与专业性的权威联系在一起的，一方面，共同行动所面对的任务都会表现出很强的专业性，专业方面的权威是执掌和行使权力的前提；另一方面，共同行动的任务在每一次出现时，也都具有新的性质和特征，这又决定了权力的执掌和行使不是稳定地与具体的人联系在一起的，而是表现随机性变动和转移的特征。"②

"行动主义是一个基本原则，需要落实在行动者的自主性、行动者的他在性、行动主义在构成社会治理模式时，将以合作治理、服务型政府这些形式出现。在哲学的意义上，行动主义将使主体、客体的区别消融，而被行动者取代，行动者需要有道德属性，在技术失灵的条件下，由道德来补充其空场。总之，在低度复杂、低度不确定性的条件下，我们是在制度的框架下开展行动；在高度复杂、高度不确定性的条件下，我们将在行动中运用制度。这是不同的，我们并不否认制度的功能，它依然会体现出来。只是它不会停留在民主法治的形式上，而是新型的制度，体现在道德制度上。我们在高复杂、高度不确定的社

---

①　（美）彼得·F. 德鲁克. 后资本主义社会 [M]. 傅振焜译. 北京：东方出版社，2009：74.
②　张康之. 论社会治理中的权力与规则 [J]. 探索，2015（4）：85 – 91.

会状态中，如果我们肯定制度的功能，它为行动提供的是支持，而非框架（突破框架，就要受到惩罚）。"①

三、行动主义的组织分析

行动主义学派的理念从组织行动实践中抽象而来，因此它关注领域——行动者的自主性及组织的连续性行动对于组织的学习、反思、变革的实践非常重要。对于组织中的成员，包括管理者、领导者而言，行动主义的视角提供的将是行动学习法。这样一种可操作的方法将个体行动者、组织行动以及行动系统、社会环境融合为一体，对于高度复杂、高度不确定性的问题的解决具有启示意义。

当组织具有明确的问题目标时，只需寻找问题的解决方案，采用确定的管理技巧与执行的活动即可；一旦面临解决方案及途径未知或不明确，就需要灵活的行动学习法来回应这种有风险的情境（见表2－1）。这种方法在潜在的三个层面上工作：第一层面，他们帮助组织中的个体学习如何用最有效的方法，达到渴望或预期达到的变革目标（单环学习）；第二层面，帮助组织中的个体学习如何进行诊断、计划、执行、对执行进行监管，以及确定不利因素并进行处理（双环学习）；第三层面，行动学习从变革的经历中了解自身，也就是说，明白自己的信仰、自负、态度以及偏好是如何影响到其工作经历、角色和地位的，这影响了他们对于自身所想、所感以及所做的与变革之间的关系的认识（三环学习）②。

---

① 张康之. 公共行政的行动主义［N］. 课堂讲义录音，2015－12－11.
② （美）迈克尔·马奎特，H. 斯基普顿·伦纳德，克劳迪娅·C. 希尔. 行动学习——原理、技巧与案例［M］. 郝君帅，刘俊勇译. 北京：中国人民大学出版社，2013：17.

表 2 - 1　组织行动方法的适用范围

		解决方案的途径	
		已知、明确	未知、不明确
问题目标	明确、清楚	A. 其他解决方案 （熟练的任务催化）	B. 行动学习法
	不明确、不清楚	C. 寻找问题的解决方案	D. 行动学习法

　　行动研究实际上是一种体系范围内的应用。它将行为科学知识转变为系统有计划的发展、改善以及策略、结构、程序的完善，以此来产生组织效率。具体而言，行动研究是一种反复的循环，包括计划采取某些行动来达到某个目标，采取行动，评估行动的效果，将影响结果的事物反映出来，重新评估然后修改目标或计划，在下次行动之前重新开始这个循环。行动研究方法可以为行动学习在各个层次的实践提供信息，其中，包括小组、项目、子系统及其交流、整个组织与组织环境的接触。

　　而对于采取行动主义视角的研究者而言，它为我们提供的不仅是一种变革性的理念，同时也提供了一种具有变革意义的社会学研究方法，这一方法适用于解释后工业社会中的个体行动者和集体行动者。它要求观察者投身于行动领域中，观察社会行动。在高度复杂、高度不确定性要素存在的前提下，"现实层面的任何一个层面都不可能完全成为限制其他层面的条件。每个层面都是相对自主的存在，一个单一层面的分离研究，不可能成为伪称是穷尽一切的现实的研究。任何一个层面，也不可能被赋予某种类型的优先性，无论是实体意义上的优先性，还是方法论上的优先性。一切都取决于研究问题的系统说明，取决于问题所带来的诸种经验性的结果。"① 这种研究方法需要他们身体力行，体验

---

① （法）埃哈尔·费埃德伯格. 权力与规则——组织行动的动力 ［M］. 张月等译. 上海：上海人民出版社，2008：199 - 200.

"行动"的动态特征与组织、结构等宏观系统的历时性变迁。研究者在观察过程中不对行动者的动机有预设，在观察和参与的过程中，研究者和行动者之间是没有差异的，在观察过程结束之后，研究者才回到一个更抽象或更宏观的层面来分析、批判该行动领域的整体情境和具体行动。需要指出的是，研究者在观察的过程中，已具有一些基本的理论原则，至少对组织研究的社会学方面是有所了解的。这些理论基础构成研究者的主观世界，但仅仅用于辅助观察，而非提供分析框架或是理论假设。

第三章　社会治理结构变迁：
集体行动组织化的历程

　　社会治理是人类持续不断的管理活动，它是一个早已存在并且还将一直存在下去的领域，包括"人类管理社会的一切活动及其物化了的成果"①。人类社会在不同的历史阶段产生不同的社会问题，人类的治理行动因此形成不同的模式，表现出不同的特征。对社会治理历史类型的研究，主要形成农业文明社会的权力型社会治理模式、工业文明社会管理型社会治理模式和后工业文明社会的服务型社会治理模式②。依据这样历史阶段的划分来展开社会治理研究，"可以把握社会治理总体特征，分清社会治理总体性的历史根据，可以在社会治理出现问题乃至危机时，作出是属于历史类型的总体合法性危机，还是历史类型中属性问题的观念、具体制度和地域性危机的判断。"③ 所以，本书采用的工业

---

① 张康之 . 社会治理的历史叙事 [M] . 北京：北京大学出版社，2006：1.
② 张康之 . 公共管理伦理学 [M] . 北京：中国人民大学出版社，2003：60.
③ 孔繁斌 . 公共性的再生产——多中心治理的合作机制建构 [M] . 南京：江苏人民出版社，2012：43.

社会的管理型治理模式和后工业社会的服务型治理模式,是观察组织变革的结构性的、历史性的背景,而不是引发组织变革的变量。社会治理为身在其中的行动者提供了基本的环境,因此,无论是组织还是个人,在此环境中发生的一切行动是社会治理中的有效要素。

社会组织在社会治理过程中的产生最初发源于集体行动。自启蒙运动时期建立三权分立、民主、法治等适应工业社会的治理规则开始,政府作为社会治理的核心行动者,引导着工业社会走向繁盛。工业社会中的集体行动是一种结构化的力量,对管理型的治理结构具有冲击力,因此,社会治理的主要任务就是规范、抑制这些结构性力量对于稳定秩序的冲击,形成了协作型的治理结构。工业社会中的管理型治理模式具有很强的惯性,然而新的治理模式开始形成并呈现蓬勃发展之势。机械论的方法取得了使人类在物质层面受益匪浅的具体成就,但是,从社会生活方面来看,它却在很大程度上造成了现代人的普遍焦虑与抑郁。行动中的人能够知道他自身的存在与意义,行动主义的观点正是通过这样一种精神的本体论来解释行动的功能。经过推理,在合作治理环境中,合作制组织中的人必须知道自己是谁,而且也能够知道。

随着全球化、后工业化进程的开启,社会的复杂性、不确定性增强,加入到社会治理活动中的治理主体增多,社会组织作为一种新兴的治理力量出现,社会治理的结构逐渐呈现合作、服务的特征。"全球化仅仅意味着世界政治经济系统的动力学。……少数人也是居于重心的驱动力,有机会能够促使改变。没有政治权力的概念和想法,都是没有机会的。全球化意味着世界向着全球治理的关键阶段跃迁。我们需要新的全球结构,根据地球上绝大多数人的利益来管理世界的政治、经济、军事和技术力量。全球结构是从人们、国家和系统的非线性相互作用中出现的。"① 治理结构的多元化和非线性特征已成为一种必然，结构性流动形成了多元化的思想和意识形态。社会结构在保持稳定状态时，世界观是内在统一的，自然也不会产生多样化的思考方式与理论内容。只有在社会层级流动加速、打破结构化均衡时，人们对自己的意识形态的信仰才有机会与其他的可能性进行对比并发生改变。丰富的结构变革的能量充斥着社会治理领域中，新型的集体行动路径与新型的社会组织角色建构成为一种历史性的规律。

第一节　社会治理中的集体行动

一、集体行动的历史类型：从协作行动到合作行动

在社会治理中有三个普遍假设，可用于探讨社会治理的行动：一是公共资源是有限的、不断变化的；二是集体行动总是面临着人们对其理性的质疑；三是社会中的公平正义具有普遍性特征。集体行动是上述三个假设的核心，而公共资源则从属于集体行动的需要，引导着集体行动中的权力配置，公平正义是集体行动的意向性结果，是一个最高的行动目标。所以，从现代社会治理实践以及社会科学知识中关于集体行动问题的探讨来看，这三个方面完整地构成一

---

① （德）克劳斯·迈因策尔. 复杂性思维——物质、精神和人类的计算动力学 [M]. 曾国屏，苏俊斌译. 上海：上海辞书出版社，2013：536.

种社会治理模式的必要条件①。集体行动具有深刻的内在关联，也产生了利益的聚集分裂、集体行动和思考以及集体的功能分化，因此，相互支持、勾联或相互对抗的集体行动就产生了。在集体行动的各种解释中，"权力斗争"是其核心关切，例如，有关社会运动的研究中多注重集体行动与政治结构稳定之间的关系。但是，"集体行动是在一定社会治理模式下回应和解决社会问题的群体聚合行为"②，如果只在暴力抗争和强制性统治的思路中去理解集体行动和社会组织的行动逻辑，那么改善社会治理模式几乎没有其他的可能性存在。新近的一些研究渐渐远离了对抗的语境，更加关注集体行动与其他政治结构之间的关联。例如，米格代尔（2013）尽可能地从集体行动与国家政权之间的关联、互构方面考察集体行动对于政治结构的影响。他指出，国家通过"符号和制度"成为"社会再创造的核心"。国际因素和国内社会因素共同阻碍、修正国家对于集体意识的管理，因此，在国家的政治机构内部、在政治权力与社会力量之间，都存在着大量的斗争。政治权力不可能随心所欲地改造社会，它无法解决社会背离强制性权力的行动，也解决不了社会与政治相关联的那部分问题。"不仅如此，国家与社会的互动在社会中所产生的斗争和异议削弱了国家争取一致性的努力，同时也改变了国家。这种国家与社会互相转变的过程导致了彼此竞争的社会联盟，从而使国家与社会之间的界限支离破碎、模糊不清。"③ 并且政治权力与社会的相互嵌入使权力对于集体行动持有一种矛盾的态度。然而，通过社会治理的视角来观察，政治权威和集体行动都是整体性社会的构成部分，复杂

① 孔繁斌. 公共性的再生产——多中心治理的合作机制建构［M］. 南京：江苏人民出版社，2012：100.
② 孔繁斌. 公共性的再生产——多中心治理的合作机制建构［M］. 南京：江苏人民出版社，2012：108.
③ （美）乔尔·S. 米格代尔. 社会中的国家：国家与社会如何相互改变与相互构成［M］. 李杨，郭一聪译. 南京：江苏人民出版社，2013：268－269.

的社会结构和治理需求需要治理主体重新调整权力结构。

人类社会大致经历了农业社会、工业社会和后工业社会三个发展阶段。不同的阶段有不同的社会治理模式：统治型社会治理、管理型社会治理和服务型社会治理。① 但无论在哪个阶段，人都会通过集体行动的方式去推动社会发展和人类进步。在从事社会治理活动的过程中，集体行动是主要方式。从初级的、无组织的集体行动，到规范的、组织化的集体行动，展现了人类历史的发展过程，也是组织的发展史。

结构化了的集体行动形成了一定的社会治理模式，而在社会治理结构之中具体的集体行动则往往成为此结构中的社会习惯。实际上，社会治理模式和集体行动之间是相互建构的，它们的关系具有复杂性和不确定性特征。不同的社会问题需要不同的行动方式来解决，也就意味着不同的治理模式和集体行动模式，在解决社会问题中，行动者必然会生成新的行动关系，形成新的社会变化，那么往往催生新的社会问题，这些问题再一次催生了新的集体行动和社会治理结构的变革，反过来说，社会治理结构不同，回应问题的集体行动模式也不同。治理行动对于社会环境的回应产生了社会治理的"前工业社会生活的主要内容是对付自然；工业社会的主要任务是对付制作的世界；后工业化社会的中心是服务——人的服务、职业和技术的服务，因而它的首要目标是处理人际关系。……后工业社会是一个共同体社会，其中的社会单位是团体组织，而不是个人"。② 因此，依据社会治理结构的演进过程，集体行动的历史类型可以分为"命令—服从型集体行动、纪律—协作型集体行动以及商议—合作型集体行

---

① 张康之. 论伦理精神 [M]. 南京：江苏人民出版社，2010.
② （美）丹尼尔·贝尔. 资本主义文化矛盾 [M]. 赵一凡等译. 北京：生活·读书·新知三联书店，1989：198 – 199.

动"。① 当然，不同的集体行动类型体现不同的权力关系："在农业社会，同质性社会治理结构以权力关系为基础；在工业社会，管理型社会治理结构以权力关系和法律关系的二元统合为基础；到了后工业社会，服务型社会治理结构以权力关系、法律关系和伦理关系的统一互动为基础。"②（见表 3 – 1）

表 3 – 1　工业社会、后工业社会中的社会治理概况③

社会阶段	工业社会	后工业社会
集体行动类型	纪律—协作型集体行动	商议—合作型集体行动
治理模式	管理型治理	服务型治理
治理结构	协作、中心—边缘	合作型
治理方式	法治和权治	德治和法治
主体间关系	权力关系和法律关系	伦理关系、法律关系和权力关系
原则	结构主义和工具主义	行动主义
理性	技术理性	经验理性和价值理性

本书论点在于社会组织，它是在工业社会向后工业社会过渡的过程中产生的，所以本章重点分析的是工业社会和后工业社会的治理结构。协作行动是工业社会中典型的行动方式。合作行动是在社会的后工业化过程中产生的，也将是后工业社会的最主要行动方式。

二、集体行动的新基点：不可量化的社会性要素与"第三只手"

生产力的发展一直是推动社会结构变革的决定性力量，这一点在社会的工

---

① 孔繁斌. 公共性的再生产——多中心治理的合作机制建构［M］. 南京：江苏人民出版社，2012：108 – 109.
② 张康之. 论伦理精神［M］. 南京：江苏人民出版社，2010：150.
③ 根据张康之、孔繁斌等学者观点整理。

业化过程中已得到证明。从 20 世纪后半叶开始，人类社会开启了后工业化进程。丹尼尔·贝尔（1997）预测和描述了后工业社会的模型，他指出：根据目前的发展状况来看，人类社会正在进入一个新的历史阶段，无论在生活方式还是技术、组织等方面，后工业社会都表现出一些全新的特征，因而，从整体上来看，后工业社会是一种崭新的社会形态。他进一步指出，后工业社会的主要特征是新的科技关系和复杂的理论知识的汇总。后工业社会中的新特征分别体现为占据绝对优势的服务业、超速发展的专业化和技术性的工作、以教育为主的社会流动方式、以人力资源为核心的资源类型、以智能技术为主要生产力的工业生产方式、以通信系统为重的基础设施。由此可见，知识和新型信息技术成为后工业社会发展的最强驱动力。① 贝尔（1997）判断，人类社会正处在后工业化的过程之中，尤其是第三次科技革命带来的生产力的新突破，使人类的现代化、智能化程度进入前所未有的阶段。他描述的后工业社会是在技术和知识革命层面上的，尚未概括后工业社会的全貌。

在 20 世纪后期，后工业化实际上呈现给人们的主要特点是社会的高度复杂和高度的不确定性，这种特征由信息技术革命引领，但其涵盖范围绝不仅是理论知识和科学技术之间关系的变化。科技和知识带来的革命颠覆了工业社会的生产关系，生产力决定生产关系这条工业社会的定律几乎不再适用，生产关系本身已成为一种变革力量。这就是说，社会成员的组成方式及关系格局的变化很难再由生产力来进行决定性支配，人们之间的关系受多种条件的影响，具有高度复杂的特征。后工业化的能量将个体与组织、社会全部推向一个新的历史时期，社会结构从整体上呈现变革特征。因为个体之间、组织之间、事件之间

---

① （美）丹尼尔·贝尔. 后工业社会的来临——对社会预测的一项探索 [M]. 高铦等译. 北京：新华出版社，1997.

的关联度增强，所以宏观社会网络呈现牵一发而动全身的状态，并且，各行动主体对于同一事件的反应越来越具有共时性、多元化的特征。个体和社会对于社会发展回归式的思考确立了社会进步和人的发展的理论基点。在社会变革中，政治权威的衰落、市场权威的稳定、社会力量的崛起正在改变工业社会的社会治理格局，社会行动需要回归到自身的本质属性上，而非从政治或经济的角度被认识。社会力量具有极强的包容性，它以一种合作共存的姿态谋求共识与对话，是一种整合与创造的能量，而不再是工业社会中破坏性的能量。基于这种状况，人类的集体行动必然要基于共生共在的合作理念。

从宏观的视角来看，工业社会的社会结构是相对稳定的，但在后工业化过程中，它进入结构性调整的阶段。人们一般认为，在公共事务的管理中有两只手在发挥作用：一只是"有形的手"——国家干预；另一只是"无形的手"——市场调节。目前中国社会正处在一个结构转型时期，并且经济处于更加广泛的非平衡状态，因而"第三只手"即"另一只看不见的手"——社会结构转型推动的更加深化的改革则对于社会治理产生了直接的、全面的作用力。[1]社会结构转型的力量体现在家庭的资源配置、企业组织的资源配置、社会潜网的资源配置三个方面，[2] 它们的形成受各种历史因素、文化因素和其他非经济因素的影响，尤其是家庭和社会潜网，虽然不直接从属于公共领域，但却至少是独立于经济部门的社会领域，很少服从于经济目的。

"竞争通过市场机制不仅控制了经济活动，也控制了政治和社会事件的路线，而且还提供对世界的各种不同解释的背后的动力，当人们揭开这些解释的

---

① 李培林. 另一只看不见的手——社会结构转型 [J]. 中国社会科学，1992（5）：3 – 17.
② 李培林. 再论"另一只看不见的手"[J]. 社会学研究，1994（1）：11 – 18.

社会背景时，会发现他们是冲突着的集团在权力斗争时的思想。"① 人们习惯性地对于社会结构的研究采用经济学的方法，对社会行动进行实证分析，这也就意味着默认了经济学的基本理论假设，那么研究方法至少要在形式上顺应科学主义、技术理性的要求。研究范式不需要进行逻辑上的论证和推理，可以直接应用于各种社会问题的观察与分析。然而，规范性的社会结构研究隐含了理论假设：利润最大化这种不真实的暗含假定，另外还有利他主义和成本计算。这些假设对于社会行动来说是不真实的，有两点原因：一是明确界定的产权无法解释公共领域诸多问题，如邻比效应等；二是无摩擦交易或零成本交易不存在。因此经济人、理性人的基本假设无法为社会结构的变化继续提供支持，"社会结构转型是另一只看不见的手"意味着要对经济学的某些既定的暗含假定和前提做出新的修订。

实际上，经济行为也是人类交往行为的一种，是特定的社会行为。"如果我们变换思路，把经济行为作为社会行为的一种特例，把经济交换作为社会交换的一种特例，那么完整的理论体系的建立也许较为容易一些，但目前来看，无论是经济学还是社会学、法学和政治学，都还没为这样一种规范性理论体系奠定逻辑基础的能力，尽管从前面的分析中可以看到关于'另一只看不见的手'的假设，已可以从现有的经济理论体系中找到它的逻辑基础。"② 这就是说，在社会治理的宏观领域中，如果将经济人的假设转变为社会人的假设，找回公共管理学、经济学促进社会发展的理论关怀的本质，那么就能重塑社会治理中的"社会"属性，也就是说，不再在理性人的基础上对社会行动、集体行动进行利益分析，开辟新的社会科学视角来观察社会行为的特征，建构属于社

---

① （德）卡尔·曼海姆. 意识形态与乌托邦［M］. 姚仁权译. 北京：中国社会科学出版社，2009：254.

② 李培林. 再论"另一只看不见的手"［J］. 社会学研究，1994（1）：11 - 18.

会行动本身的分析逻辑。

三、集体行动的组织化：回应全球化、后工业化要求

中心—边缘结构在低度复杂性的条件下表现出一种平衡态，随着社会复杂性程度的加深，这个结构的均衡被打破。不均衡的部分则是工业化产生的破坏性能量。"现代性"[①] 是对工业社会状态的抽象的概括，它使得民族国家出现并且带来了持续不断的冲突，社会在分化过程中产生的复杂性与不确定性促进了治理结构的调整和治理主体及其角色的变化。资本和技术的扩张使"脱域化"[②] 成为其最明显的后果。空间和时间在全球化和世界化的作用下变得越来越微不足道，社会关系在全球范围内被改变甚至重构。脱域机制不仅是工业社会中地域关系的重构，而且是人类交往范围、内容、形式的拓展，民族国家跨越地域、消除障碍、全球融合的过程。社会的高度复杂性和高度不确定性表现在两个方面：一方面主要表现为各种危机的频繁发生，例如，各种自然灾害、社会突发事件等；另一方面则表现在社会意识形态的多样化、社会个体需求的多元化。这些不确定性不断为社会治理提出新的任务和要求，对管理型社会治理模式造成了很大的冲击。

"同一个社会中，非常多的与一定客体有关的冲突性的意义来源，最终会导致每个意义体系的解体。在像这样一个对任何具体的意义体系而言都是内在地分化着的社会中，仅仅只能在客体的形式化的因素方面建立起共识。"[③] 后工业化要求个体与组织具有更强的行动力来回应风险。工业社会中的科层制组织曾

---

① （英）安东尼·吉登斯. 现代性的后果 [M]. 田禾译. 南京：译林出版社，2000.

② （英）安东尼·吉登斯. 现代性的后果 [M]. 田禾译. 南京：译林出版社，2000. 所谓脱域机制，是指社会关系借助于如货币、因特网等符号或技术得以在时间和空间上进行穿越和重构。

③ （德）卡尔·曼海姆. 意识形态与乌托邦 [M]. 姚仁权译. 北京：中国社会科学出版社，2009：21.

经在工业化过程中发挥重要作用，面对后工业化的现状，组织结构和行动模式也应顺势而行。在市场、政府纷纷失灵的情形下，新的社会治理主体的出现，需要建立新的主体间关系来应对后工业化所带来的挑战。在现实要求中，那些微弱的集体性的社会行动渐渐有了组织化、规范化的趋势。社会组织不是在社会行动力量不足的量化式补充，而是在社会结构的变革中产生的构成性要素，只是将原本属于社会的诉求和特性展示到更为明显的层面，因此改变了社会的结构。

第二节　社会组织产生的场域：管理型 社会治理结构

一、中心—边缘结构：管理型组织的结构

工业社会是一个全面分化的社会，这种分化体现在组织对效率、技术专业化的追求上。大机器生产、专业化分工引领了工业社会的繁荣，社会治理模式也服务于机器生产，组织是提高人的回应能力、提高行动效率的最有效方式，社会治理中所有的行动需要通过组织来实现。分化的社会产生分化的利益诉求，私人的诉求可以通过私营部门解决，但共同的个人利益则抽象了公共利益。"公共利益的生成无疑会要求社会治理体系中有专门的部门和确定的行为模式去服务和增进公共利益，结果是指向政府及其行政管理。因此，行政管理呈现与政治统治相分离的趋势，并成为社会治理体系和治理过程中管理色彩最为浓重的

一个专业化领域。"①

社会治理的本质属性是人类的政治活动，权力或公共权力是社会治理的最核心要素。② 政府也充分发掘了工业文明中产生的技术理性、工具理性并加以应用，一边安排国家政治生活中的权力资源，一边建构庞大的行政管理体系来分配、增进公共利益，协调政治领域之外、社会治理中的一切事务。尤其在后发展中国家，市场也在政府的宏观调控和行政管理体系之中。因此，"一部政府发展的历史，也就是控制体系不断完善的历史。"③ 政府治理行动的控制导向表明，社会治理结构中存在着垂直的、有等级的权力资源，只有资源分布得不均衡，才能产生控制与被控制的行动方式，在控制行动中就有了权力的中心和权力的边缘的明确划分，因此，组织起来的社会是一个拥有中心—边缘结构的社会。

管理型社会治理中的组织是根据工具主义的原则建构的。一方面，泰勒（1911）等提倡的科学管理，重视劳动的效率和管理控制，通过控制行动来使结构稳定、合法，集体行动的协调性尤为重要。这样的管理过程凸显了管理者采用的程序与方法的重要性，为了组织行动能够最大限度地产生有效的产品，限制无效行为和低效行为，所以需要有制度、规则来激励、监督、惩罚。在此过程中，管理者和被管理者要压抑人的主动性来配合集体行动，将个人行动与组织行动协调一致。科层制将人物化了，他只需作为一个机械人在结构中行动，不需要有自我意识。因此，社会人与组织人的角色分离，作为组织人他只需完成组织要求的责任与义务，享受组织赋予的权利，不需要考虑社会责任的问题。另一方面，除了协作之外，以效率为主要目标的组织行动还促进了分工和专业化。分工可以实现规模化生产，同时也对技术提出较高的要求，组织的行动继续分工并专业化。

①② 孔繁斌. 公共性的再生产——多中心治理的合作机制建构［M］. 南京：江苏人民出版社，2012：59.

③ 张康之. 公共行政的行动主义［M］. 南京：江苏人民出版社，2014：240.

组织的行动与结构相分离，在整个治理过程中，行动者成为社会结构的组成部分，为维护结构的均衡发展而行动。在工业社会中，组织之间相互制衡，以法治为主要的权力关系，实现社会的均衡态，至少在表面上看起来是如此。集体行动则表现为规范的组织化运作模式，按照贝尔的说法，这种集体行动主要用来对付制作的世界、建构符合制作世界的人际关系。政府组织是治理的核心，对政治和行政行动中的权力、资源进行分配的主体，经济组织主要承担推动经济进步和社会发展的功能，而政府、企业之外社会发展的需求，则由第三部门来回应。政府通过全面掌控、管理社会的方式来实现社会治理的目标。

管理型的治理在价值取向上追求科学，在方法偏好上追求技术。现代社会发展的主要衡量标准是国内生产总值，也就是经济生产的供给总量和需求总量；效率，既成为发展的标准，也成为发展的价值观。社会治理方案的设计也是在保护市场秩序的出发点上展开的，所以工业社会中公共管理的所有方案都围绕效率这个主要价值展开，对于管理效率的追求是成为此阶段社会治理的核心需求：管理型社会治理以官僚制为主要组织形式，由官僚制组织行使主要的治理职能。官僚制组织的权力分布状况由正式的规则表达出来，权力是纵向的、层级的，明确规定每个成员的职责和权力在官僚制体系内部，组织按照横向的功能分工、按照纵向的权力授权。因此，官僚制的组织结构具有高度稳定性，并且，在应对工业社会的低度复杂、低度不确定性问题时，能够协调组织行动、效率较高，因而成为管理型治理模式中的最核心的组织形式，也就是政府的组织形式。其他类型的组织，都在官僚制组织的边缘开展社会活动。引导行政管理的技术理性和工具理性关注在管理过程的经济、效率、绩效、目标和冲突上，抛弃了公共行政中所包含的公共性、道德性的核心要素。也正是因为管理型政府对于价值理性的忽略，非政府组织、公民以及企业社会责任部门的治理者角色不能得到认可，行动空间被纳入到行政管理的领域中。

治理主体与其他治理参与者是一种结构性的关系。在政府组织与社会的关系中，首先，权力关系始终是一种主导性的关系①；其次，才是具体行动过程中产生的行动者之间平等的、法律的关系。"权力关系在群体间是以层级节制的方式而成为现实的，法律关系则是通过群体间不同职能、职责的定位而确立起来的。"② 这些复杂的关系都具有强制性，政府处于这个治理结构的权力核心，对于治理领域中的一切资源具有支配性的权力，其他参与者位于边缘，占有很少的资源，因此，管理型的治理结构不是一种均衡的对称结构，治理主体也正是利用这种结构性不均衡产生的权威来控制整个治理系统的协调性和结构的稳定性。管理型社会治理的控制导向在管理过程中走向极点，因而其他组织即使能够参与到社会治理体系中，也只能是作为一种边缘角色而存在。在这种局面下，即使有一些组织参与到社会治理活动中来，也只能发挥辅助性的作用，并没有治理的话语权。

随着市场经济的发展，社会个体不仅在经济上获得了独立自主，更重要的是在社会人格上也获得越来越多的自由，社会生活日渐丰富起来，社会的组织形式也开始多元化，社会治理有了更多自主治理的需求与空间，各种社会组织也发展起来，已成为社会治理结构中不可或缺的部分。社会治理的问题一般都涉及公共物品的供给、需求或公共资源分配，因此，治理者在处理公共问题时很难进行明确的产权划分。在解决问题的过程中，政府掌握绝大部分政治和社会资源，而社会个体处于弱势地位，要想实现个人的利益诉求，需要通过集体行动、组织行动的方式来与政府对话、进行维权，社会组织则承担民意输入—政策输出的双重职责，是社会资源中转的平台，它是独立于政府和市场之外的

---

① 张康之. 论伦理精神 [M]. 南京：江苏人民出版社，2010：149.
② 张康之. 论伦理精神 [M]. 南京：江苏人民出版社，2010：152.

社会组织力量，也是我们前文所提到的"第三只手"的主体构成部分。有研究将社会治理中的多元参与模式称为"参与式治理"①，"参与式治理"的真正主体依然是政府，其他的行动者都只能以参与者而非治理主体的身份出现。在表面上，"参与式治理"会形成一种各参与者达成一致的现象，实则是政府对其权威和控制力的强化，无论是理论逻辑还是实践逻辑都没有脱离管理型治理的基本模式。在中心—边缘的结构中，社会组织只能降低甚至消灭自己的主动性，处于社会治理结构的边缘，按照管理型治理结构的要求来运作。

二、公共性的扩散：传统官僚制组织的行动困境

19 世纪二三十年代的经济危机催生了政府的干预主义治理模式，也产生了福利国家。在应对资本主义经济危机和社会危机等自由主义引发的重大问题时，福利国家体现出绝对的优势，但它的迅速扩张也产生了负面的结果，即诱发了"行政国家"的产生。行政国家的主要特征在于国家公共行政职能的全面扩张，行政权力相对于其他国家权力而言具有更加优势的地位，同时也意味着行政权对社会生活的全面渗透。由此，国家与社会融合。

由于国家对于市民社会的持续引导，国家与社会、公共领域与私人领域已经产生大面积重合，不同领域的融合趋势不可遏制，虽然私有化运动逆干预主义风向而行，但在公共性扩散基础上的治理分工却不可能重新恢复到市民社会与国家分而治之的清晰结构中去。新的局面以此面貌出现：以非政府组织推动生活政治化、政治社会化等为代表的新市民社会运动兴起。与此同时，随着市场经济的发展，各市场主体之间平等的交换关系更加普遍、更加成熟，由于交换关系的深入而给人们带来的社会角色、政治地位上的平等化也越来越明显，

---

① 陈剩勇，赵光勇．"参与式治理"研究述评［J］．教学与研究，2009（8）．

人们的活动范围扩大了，从线上到线下，从国内到国外，都呈现脱域化、共时化特征，社会呈现一种开放的趋势。这种趋势意味着公共领域与私人领域间的边界变得日益模糊，进而社会的包容性增强和公共性的扩散。公共领域的范围扩张将更多的行动者纳入到治理事务中来，复杂环境在带来不安全感的同时也激发了各社会主体的积极性与主动性，社会治理参与中的多元化和个性化也越来越明显，人们之间的社会关系开始发生改变，社会个体都不同程度地承担着社会治理的责任，社会治理环境活跃的状态与科层制组织的僵化形成了鲜明的对比。

"世界不仅是一个万有总和体，也是一个万有统一体，即一个整体。……人们不可避免地通过已有的经验事实来寻找未来的出路。如果我们不能由此深入地进入到这种本质的关联中去，我们将会理解到：从完美化的实践出发，在'反复地'向着可设想的完美视域所做的自由的逼近中，到处都会预先规定出其极限—形状，这种极限—形状即是当下的完美序列所要逼近的，但又是不变的、永远达不到的终极目标。"① 在政府改革的变迁中，我们看到类似的状况，人们已习惯性地采用工业社会中发展起来的一系列管理手段来解决社会治理中出现的新问题，政府也通过加强功能整合与专业分工、强化管理、加强控制等治理方式来应对全球化和后工业化，碎片化的不仅是组织的功能与结构，还有专属于政府部门的公共属性、公共责任，这些组织的灵魂也在社会分工的过程中被渐渐分化了。虽然以往用组织性和管理性更强的社会治理秩序去对抗个人主义和自由主义趋势都收到了良好的效果，但在后工业化的过程中，人的社会属性重新生发，组织化的思路与后工业化的本质相悖，所以行政管理方法的改

---

① （德）埃德蒙德·胡塞尔，克劳斯·黑尔德编. 生活世界现象学［M］. 倪梁康，张廷国译. 上海：上海译文出版社，2002：210.

革失灵了。虽然科层制在低度复杂性的条件下能够提高组织效率，但在分工中却不断内卷化，导致行政组织的责任感淡漠、行动效率低下等问题。"由于人具有精神结构，因此，他不仅以等级体系的方式进行思考，而且也以等级体系的方式进行经验。也就是说，某种由内在的世俗事物和外在的世俗事物组成的并不总是得到理智化的'系统'始终都是存在的，人们在活动过程中、在生活过程中、在体验过程中正是根据这种系统来确定取向的——这既是一种对世俗事物的安排，也是一种对彼岸事物的安排，在进行这种安排的过程中，人们会认为事物的一部分领域抑或整个领域是至高无上的，并且因此而进行特别的强调。其余的各种现存成分本身则是通过参照各个系统而得到安排的，由于这个系统而获得其终极意义。"① 技术理性指导下的政府越来越不能应对复杂环境，甚至还造成自身的合法性危机，陷入行动困境，官僚制组织面临互相推诿和指责对方，并且形成一个充满矛盾的、不负责任的系统。

政府组织变革的根本是技术主义的祛魅和公共性的重建。为了改变技术主义的逻辑、符合现实的系统性、复杂性特征的要求，就必须对此体系进行重建，所有可能的方案都会在性质上发生改变。公共事务基本上是参与性的，因此，它必须吸收各个行动者的治理愿望，并且与社会中的行动者、社会关系、集体行动的方式相关联。总体上来看，社会治理对于治理主体的行动权和话语权的需求越来越大，虽然话语权在公共性的扩散中不断增强，但行动权却依然集中在治理结构的核心地带，话语权并不能转化为行动权，社会的意见不能充分转化为社会治理行动。尽管政府和社会对于话语权的分享有制度化的安排，但这些安排将对话、回应放在无关紧要的位置，最多是对公共参与的形式化表现，包含在话语中的公共权利与公共诉求很难得到真正的实现，"我们所需要的就是

---

① （德）卡尔·曼海姆. 思维的结构［M］. 霍桂桓译. 北京：中国人民大学出版社，2009：5.

为不同国家机构与社会对行动权的分享提供一种制度性的安排，让国家与社会成为共享行动权与话语权的平等治理主体，让它们在对行动权与话语权的制度性分享中实现合作的社会治理。"①

三、从"非政府组织"到"社会组织"：超越中心—边缘结构

自 20 世纪 80 年代开始，西方大部分发达国家进行了大规模的政府再造运动，例如，采用企业管理技术、强化服务以及顾客导向、引入公共行政体系内的市场机制等。学界也由此产生共识，认为传统官僚体制已被新形态的以市场为基础的治理模式所取代、公共部门正浮现新的范式。新公共管理运动倡导在公共部门发展顾客导向的公共服务。"外包"成为组织管理的一种常见手段，例如，政府购买公共服务的方式就是一种外包手段。外包改变了管理的性质，将管理从一种组织活动变成了一种社会化的活动。② 管理的社会化开辟了解决管理问题的多元途径，非政府组织作为承接外包服务的主体参与到社会化的公共管理中来。因此，作为社会治理参与者，非政府组织的角色被重新认识，它渐渐脱离了传统政治学研究对于非政府组织的合法性路径的探索与研究，转向采取以社会治理为基本情境的第三部门的专业化研究。从另一个角度来看，伴随政府再造的是全球性的结社运动，在走向后工业社会的过程中，生存心态和生活方式多元化引发了社会日常生活领域中的分群，这成为非政府组织产生的社会基础。但这一时期的第三部门还具有临时性、过渡性的色彩。③

非政府组织首先在环保领域出现，参与环境保护与环境治理的事务，这一

---

① 张乾友. 行动与言说：对社会治理的政治哲学分析 [J]. 理论与改革，2015 (3)：95 - 99.

② 张乾友. 论管理的社会化及合作治理——对管理外包现象的理论分析 [J]. 江苏行政学院学报，2014 (4)：113 - 119.

③ 张康之. 论伦理精神 [M]. 南京：江苏人民出版社，2010：60.

治理模式很快便扩张到社会生活的各个领域，弥补了政府失灵和市场失灵的管理型治理的缺陷，也因此受到公民和研究者的关注。在公共行政学的相关研究中，它被称为"非政府组织"（Non‑governmental Organisations），是政府组织体系之外的、提供社会性公共服务的公共组织类型。一开始，只是作为行政改革运动中的临时性措施出现，是政府为了维护稳定的治理秩序而进行的偶然性选择，但非政府组织顺应社会发展的必然特征，很快成为新兴的社会治理主体，成为与政府并立的、具有竞争力的公共服务供给者，因此，非政府组织的产生和发展为政府改革提供了新的方向，"包含着把工业社会人类所拥有的管理型社会治理方式改造成服务型社会治理方式的可能性。"①

虽然非政府组织产生于工业社会中，但它却是在后工业化过程中产生的，因此在组织的结构属性和行动属性上，它并不属于中心—边缘结构。它具有自身的治理目标和独立的治理职能，非政府组织是社会后工业化过程中产生的积极要素，对于建构能够超越工业社会存在的不足的新型治理体系具有重大意义，意味着社会治理构成要素的变化和治理模式的变革。因此，坚持协作型治理的思路对非政府组织进行制度安排就引发了治理实践中的种种结构不和谐问题。反过来说，非政府组织的出现必然催生新型的社会治理模式，原来社会治理的结构只是面向政府组织开放的，而新行动者的加入则必然需要制度空间来容纳组织及其行动，因此，社会治理呼唤一种更为复杂的超越中心—边缘结构的模式出现。

非政府组织是社会治理中新生的主体，准确地说应该称为"社会组织"，它是非政府的、非营利的、提供社会化服务的公共组织，进一步而言，"第三部门的出现，在现实中意味着公共领域范围的扩大，而就其发展前景来看，则意

---

① 张康之. 论伦理精神［M］. 南京：江苏人民出版社，2010：60.

味着公共性的扩散，意味着社会治理主体的多元化，意味着一种新型社会治理模式的出现，这种新型社会治理模式在形式上会表现为合作治理。当然，合作治理又会实现对整个社会的全新建构，使整个社会进入一个全新的历史阶段。"① 因此，社会组织的概念直接地彰显合作治理中行动者的社会性特征，是对从事社会服务组织的最贴切概括：社会组织是多种多样的，能够灵活高效地供给公共服务，因为社会组织供给的社会服务具有非垄断性特征，所以社会组织之间能够建立起行业联盟、共同体之类的既竞争又合作的关系，并且，社会是专业化的组织，所以它比政府更高效、更低成本。各种各样专门的社会组织在复杂的社会治理中发挥更好的作用，政府则有更多的精力来提供合作治理的制度环境，通过规划、引导等方式为直接从事社会治理活动的社会组织提供支持。

第三节 服务型组织的基础：合作型的治理结构

一、建构合作制治理结构：组织服务属性回归的契机

社会组织是遵循行动主义原则的组织，具有他在性和自主性。但产生初期的社会组织的本质属性并没有得到深刻的认识。当社会组织出现，承接某些治理职能的时候，政府的治理合法性、行政合法性权威受到了挑战，社会组织被划定为非政府组织、草根组织、市民社会组织，受到质疑。在我国，社会组织

① 张康之. 公共行政的行动主义 [M]. 南京：江苏人民出版社，2014：118–119.

从产生初期到 20 世纪 80 年代，其合法性一直受到质疑，直至 20 世纪 80 年代初，三大条例出台，社会组织的管理总算有法可依，直至 2013 年党的十八大提出政社分开等促进社会组织发展的若干条措施。双重管理体制是限制社会组织发展的重要瓶颈，目前政策有所松动但现实操作规范依然十分缺乏。在这种制度环境和政社关系状况中产生的社会组织先天不足。从整体上而言，虽然社会组织为天然的治理行动者，但却缺乏足够的行动力来承担社会治理的责任。

就理论上而言，集体行动和组织行动是众多社会个体的合意，个体间关系的重塑意味着集体行动的本质发生了改变，因为个体之间关联性的增长，共生共在必将成为一种共识，因此产生服务型、合作型集体行动，"合作是自愿的、非强制的"[①]，隐含着服务的目标，服务型社会治理意味着治理行动要有明确的意向性，这种意向性就是服务。"服务定位并不是根源于其主体的善良意志，它的服务定位和服务行为意向的生成是来自于公共管理客体的客观要求，也是人类社会治理模式演进的必然。"[②] 在社会治理的发展规律上，社会组织作为行动者，则需要对自身的行动主义特征有清醒的认识，要认识到自治组织的行动主义特征并设计符合组织本质特征的战略发展方案。反过来说，社会组织面对社会问题时的态度和方法值得其他类型的组织参照和学习，建构符合社会组织发展客观要求的改革方案也会对社会治理的变革、政府组织的变革具有启示意义。组织变革是社会变革的先导，组织变革会促进个人和社会的变革。社会结构因流动而产生变化，人际关系也在流动中发生改变，组织变革因此而产生，在生成新的社会集体行动模式和社会治理方式的过程中是先导。

卡蓝默（2005）指出，"治理机制必须具有如下五种品质：一是要满足共

---

① 张康之. 公共行政的行动主义 [M]. 南京：江苏人民出版社，2014：234.

② 张康之. 论伦理精神 [M]. 南京：江苏人民出版社，2010：156.

同体感觉到的需要；二是要依靠共同的被认可的价值和原则；三是要有公平；四是由值得信任的负责任的治理者进行有效的治理；五是施行最小强制原则"。① 这些原则，实际上就是合作治理的核心价值观。显然，社会组织的行动符合这样的治理品质，组织变革是社会变革的先导，因此，社会组织行动主义特征的扩散对于合作治理结构的建构也具有前瞻性的引导和启蒙作用。将社会组织纳入到社会治理的各种行动体系中来，意味着建立一种对话式、合作式的行动模式和制度方案。各行动者之间存在伦理关系，也就是相互依存相互认同的关系，首先要求组织成员个人的伦理关系，个人是权力关系、法律关系的责任承担者，然后才是组织间的伦理关系，对于合作治理结构中的关系而言，需要从重新认识自我与他人关系开始。治理场域是开放的，治理者之间的关系是共生共在、具有同时性的，治理者在进入场域时，就进入了公共领域的伦理关系之中，在退出公共领域之时，就退出了治理的伦理关系。②

社会组织最明显的特征是自治。自治既体现在组织管理的层面，也表现在社会治理的层面。它能够对组织进行自我治理，不属于协作治理结构，而是合作制中的重要行动力量，其内部治理与行动不受政府组织行政权力或其他手段的干预。一方面，社会组织对于自身组织战略目标的确立、组织的内部治理结构、组织成员的构成、组织领导的产生具有完全的自主权，不受到行政力量的控制和约束；另一方面，社会组织通过提供公共服务来完成社会治理的责任，实现社会自治，因此，组织的治理行动本身就是一种服务导向的行动。在社会组织提供公共服务和进行社会治理时，它既是治理者，也是被治理者。社会组织并不拥有行政组织等所拥有的强制力。"在社会自治体系中，每个人都是服务

---

① （法）皮埃尔·卡蓝默. 破碎的民主——试论治理的革命［M］. 庄晨燕译. 北京：生活·读书·新知三联书店，2005：89.

② 张康之. 论伦理精神［M］. 南京：江苏人民出版社，2010：153.

者，同时每个人也都是服务的接受者，这是一种'人人为人人服务'的制度规范体系"。① 既然每个人或组织都是服务者，服务者和被服务者的界限也就被打破，那么治理者和被治理者的界限也就消融了。

消除管理者和被管理者在权力位置和身份上的等级与差异，在治理结构中的行动者之间形成根据专业能力、信任等要素来界定的合作治理的结构。合作意味着行动方式的改变。孔繁斌在合作治理的基础上建构了合作机制的制度矩阵主要体现在以下两个方面："一是规范性范畴——相互性、商议、他在性；二是要素性范畴——规则、场域、角色。这两组概念按照'相互性—规则''商议—场域''他在性—角色'的矩阵项进行组合，形成的就是合作机制的释义模式，这一释义模式表达式则是'服务—信任—商谈'。"② 合作行动以服务为导向，服务的提供者首先要明确和认同服务对象的诉求，而服务提供者的目的不仅是满足服务对象的要求，更是因为他认同服务过程与结果对于组织成员、组织本身和社会环境的意义。这就是说，服务者已提前确立个人与他人是共生共在的基本理念，那么，治理主体与治理场域也是共生共在的，治理过程中的行动者和行动必然具有他在性。要完成服务者与服务对象之间的一致性目标，达成行动者之间的认同，合作型治理结构的建构应当首先考虑话语权的建构，要对治理行动过程中的参与、交往、执行等关键性环节进行设计，确保每一条实质性的观点都被行动者知晓，每一个行动方案都经过服务提供者和服务对象的讨论；在理解的基础上，再进行行动权的分配，完成合作治理的后续执行层面的各个环节，当话语权由于某些不可抗力无法实现时，信任和认同作为对抗行动不确定性的积极要素发挥作用。总之，合作治理是对话的、开

① 马全中. 非政府组织的兴起及其治理功能 [J]. 党政研究，2014 (4)：37-43.
② 孔繁斌. 公共性的再生产——多中心治理的合作机制建构 [M]. 南京：江苏人民出版社，2012：69.

放的治理。

话语权和行动权的互构要求治理过程具有更高程度的开放性，那么这对组织的内部管理也提出了要求，就是要求组织成员之间的关系要保持开放、透明，这样各个行动者所负的责任才能有明确的归属。治理的每一方都必须承担起自己的责任，管理主体之间才能开诚布公地商讨彼此互依的解决方案。因此，合作治理是一种负责任的管理方式。但是，行动者忠于自己的职责并非是合作治理中的独有现象，协作治理中的各个治理主体、参与者也有各自的职责范围，然而这些职责只能加固不平等的、无对话的中心—边缘结构。合作治理结构中的公共管理活动之所以不同于以往的管理型治理，是因为它不以控制为目的，而是通过治理行动者的自我约束、自我限制来提供高效的公共服务。合作治理中的职责与协作治理中的职责区别就在于行动者们对于"核心能力"的认识：在合作治理模式中，所有的行动者都具有承担核心治理职责的能力，但它分属于每一项具体治理任务的核心，也就是说，它并不具有永久的核心身份，它的身份是由当时当地的社会治理需求来确定的。在社会治理的结构中，身份的差异是存在的，这些差异是由治理要求造成的，而不是由权力差异造成的。从某种意义上来说，这些活动使公共事务、社会事务中的公共性回归，服务行动本身就意味着后工业化过程中治理者本质角色的回归。因此，这种职能基于对公共事务的责任感与担当，表现出服务的导向性，因此，社会组织在合作治理中能够将自身的服务属性恢复回来。

自人类社会开始发展，社会治理就具有永恒的行动目标和主题："让同一块领土上数以百万计的男人和女人共同生活在内外和平和持久繁荣中，确保人类社会与其环境的平衡；从长计议管理稀缺的自然资源；保证人们的思想和行动自由，同时维护社会正义、调和共同利益；向每个人分别和共同提供最大的繁荣机会；允许科学和技术的发展，但不被其力量冲昏头脑；确保所有的人过有尊严的生活；承认文化和传统的多样性和丰富性，同时使其参与整个社会的和谐；适应世界的变化，同时又保持其自身的特性。"① 在这样的愿景中，我们可以看到，无论是政府的手还是市场的手，都被用来服务于社会的进步和人的发展。实际上，我们需要建构的方案，应该在对公共事务的总体性认同中被发现。在合作治理的结构中，每一个人都是行动者，承担着主动地向他人、向社会提供服务的治理责任，同时，每一个人也都享受他人的服务，因此，在合作治理中，人们之间形成的是合作和服务的关系。

二、社会组织的新起点：合作制组织

管理型政府既是公共产品的生产者，也是供给者，在生产和供给公共产品的过程中，它垄断了社会治理的资源与权利，从而分解了公共责任走向自我否定。管理型组织不能适应高度复杂性和高度不确定性的社会，因此，这些组织的模式不能再用于新型治理主体的建设。复杂的治理环境中包含多种社会治理的力量，这些不同的力量不能用管理或控制的治理逻辑进行安排，社会中的各种各样的成员都负有治理和被治理的责任与诉求，因此，各社会治理的主体的主动性大大提高，更进一步来讲，后工业化的过程实际上是一个重塑自我与他人之间关系的诸多关联性过程。

"组织群体间关系的形式存在，也是经由个人和通过个人才成为具有现实性的关系"②，因此，组织是对人际关系的建构和规范，组织承认与保护组织行动领域内的人际关系，当个人与他人的认同、理解发生变化时，组织的结构也相应地产生变化，因此，自重构人际关系开始，组织结构就进入变革的过程之中。

---

① （法）皮埃尔·卡蓝默. 破碎的民主——试论治理的革命［M］. 庄晨燕译. 北京：生活·读书·新知三联书店，2005：8.
② 张康之. 论伦理精神［M］. 南京：江苏人民出版社，2010：152.

在后工业化的过程中，组织结构与行动的变革自人际关系开始。全球化和后工业化的力量将人们置于命运共同体中。当人们面临共同的风险时，就意味着人有共生共在的愿望，参照工业社会中人类发明的管理的方式，后工业社会中的个体行动者和集体行动者需要用合作的方式来面对新的风险，因此，这种状况要求人们尽快地用新型的组织模式取代管理型组织。一种全新的集体行动模式"合作制组织"①将以其灵活性而在应对各种各样的危机事件中表现出优势。

社会组织是后工业化过程中的新型公共组织，具有行动主义的特征。人的社会属性使社会组织内的人具有主动性和道德特征，并且组织在整体上具有治理结构中的自主性与他在性，这些特征指向合作的行动，因此，当前的社会组织本质上是一种服务型组织，也是具有合作制组织雏形的组织。社会组织具有自治、服务的根本属性，所以，合作制并非是社会组织要努力建构的行动模式，而是对其自身特征的具体描述：在组织内部，组织成员呈网络化而非科层制的结构分布，其组织目标聚焦于同一以公共性为核心的任务，通过对任务的交流、分析与共同合作，而达到服务的最终结果。组织成员的关系，不是垂直的等级关系，而是信任与合作的关系，组织行动的动力，来自成员之间的交往、对话以及他们与外界之间的交流需求。组织的合作制模式对于社会治理结构的变迁和服务型政府建设具有启示意义。在后工业化的过程中，各类组织的边界将会逐渐消解，最终会显现他们作为"社会"的组织的本质，为了社会的发展而产生的集体行动最终形成的一种动态系统。如果说它有分类的功能，也终将归为治理的功能。我们可以想象，在后工业社会中不同类型的公共组织之间互动关系最终将呈现"合作"的结构，合作制是超越科层制的、优越的组织结构

---

① 张康之. 论全球化背景下的组织模式变革［J］. 天津行政学院学报, 2015（1）: 30－36.

类型。

　　合作的规则是社会组织行动的基本规则，同时也是社会组织内部结构的表现形式。通过对社会组织内部成员关系的考察可以发现，成员之间的关系是信任的关系，这种伦理特征是合作制组织与管理型组织的根本差异所在。我们认为，合作制组织是后工业社会中产生的一种新型组织，相比于传统的组织，它具有先进性，原因在于组织的结构和成员关系具有不同于传统组织的优越特征，那就是非中心的网络结构与信任合作的关系，更明确一点来看，信任关系建立和调整的过程每时每刻都在塑造着组织。信任关系促成合作秩序的产生，进而促进组织内网络结构的生成。这些秩序和结构又进一步支持组织成员的主动性和信任关系的加强。由此可见，信任将个人、组织、组织内的关系紧密地结合起来，使合作制组织虽然表面上呈现网络状的松散结构，但却具有强大的凝聚能力和行动能力，因此，无论是在结构上还是在行动上，合作制都具有极高的效率。需要澄清的是，虽然合作制组织对于成员具有强大的吸引力和凝聚力，但它并不是一种让组织成员失去自我意志、失去自我行动能力的组织模式。这是因为，合作制组织是建立在认同个人的主动性并激发个人主动性的后工业社会的背景之下的，组织也承担着发现人的自主性和他在性的任务，因此，合作制组织中的成员行动总是为组织行动提供支持、补充，尤其是在不确定性较强的环境中，并且，这些个人的支持策略能够直接构成组织的行动策略，这就保证了个人行动与组织行动的一致性。

　　通过合作制组织展现出来的是合作治理模式，在外界环境变化和公共问题面前，不仅公共组织自身，而且整个公共组织的体系都会通过合作机制的运作来实现多元回应。合作伙伴关系的建立需要行动者的公共能量场的建立、技术手段的运用以及行动者的发言权与相互的认同，行动网络的建立，"一旦交往结构的改变成为社会现实，它就不可能不触及传统的社会整合形式。"① 在当前的条件下，我们在抛弃旧的组织、建立新型组织的过程中，一定会有挫折与阻碍，因为旧的组织还有生存的惯性，而新的组织类型又没有明确的方案。合作制要求组织行动的权力规则要遵从合作原则，即组织内的资源配置方式要遵从的不是等级差异产生的强制力，而是要在组织内经过充分讨论、对话之后体现的共同意志来决定。政府与社会组织一直在探索制度化的合作关系，从历次政府机构改革的实践中也能看到这一尝试。实际上，后工业社会中的政府机构改革面临新的风险环境，需要政府在社会可持续发展的思路中思考制度建设的问题，因此，"在人的共生共在的主题下开展行动，也不可能出现普遍性的讨价还价的问题。……合作制组织不是一种在每个方面都表现对规则高度依赖的组织，虽然这种组织中也会包含一些规则，但这些规则紧紧从属于需要平衡和需要稳定性的地方，无论在作用范围还是在作用强度上，都是非常有限的。"② 例如，卡蓝默提出"主动辅助性原则"，用于对政府部门的权力、责任的限定，指出主动性原则的适用对象是基层治理者，他们负有设计和执行具体治理方案的责任，而辅助性则是对承担宏观战略目标设计的中央政府或其他有战略决策权的高级政府部门的行动要求，他们制定的总体性战略是对地方行动的约束，同时也在引导合作行动的形成。③ 这一原则不仅适用于服务型政府的建构，也适用于政府对社会组织的管理策略，为社会组织的合作角色的实现奠定制度基础。

① （德）于尔根·哈贝马斯. 后形而上学思想［M］. 曹卫东，付德根译. 南京：译林出版社，2012：220.
② 张康之. 论集体行动中的规则及其作用［J］. 党政研究，2014（2）：11 - 17.
③ （法）皮埃尔·卡蓝默. 破碎的民主——试论治理的革命［M］. 高凌翰译. 北京：生活·读书·新知三联书店，2005：107.

第四章　工业社会中的社会组织：
　　成长中的协助者

　　"社会组织"这个称谓出现于 2004 年 3 月的中国政府工作报告。虽然不是一个很严格和科学的名称，但相对于传统"民间组织"过于纯粹和过于强调官民意识而言、相对于"非营利组织"狭隘的经营内涵而言、相对于"非政府组织"潜在歧义而言，具有特定范围的"社会组织"可以说是一个更具有灵活性、变通性和包涵性的概念。工业社会中的社会治理结构是以政府为核心的管理型治理模式。社会组织的定位往往是在政社关系中的视角中去定义的。因此，与市民社会、新市民社会中的非政府组织发展路径不同，中国的社会组织的发展脉络特征也明显呈现相关行政管理政策变迁的特点。回顾整个历史性的过程，社会组织经历了从合法性身份的获得到自主治理者角色的抗争，实际上也体现了组织研究从结构主义到行动主义转型的典型特征。通过对社会组织发展状况的整体性观察和对社会组织结构、行动特征的分析，可以预想无论是政府在社会组织的管理制度方面的改革还是组织自身的内部治理结构改革，都需要建立新的理论基础和行动原点，这个基点就是重新发现组织的服务特征、发现合作行动的存在的实然性。

自改革开放以来，虽然社会组织的内涵外延几度出现变化，但随着市场经济的完善和政府改革的推进，社会转型中的社会组织越来越呈现服务性、公共性、社会化、非营利性等特征，其自身的发展目标也越来越清晰。与其他行业体系中完善的管理结构相比，现行的社会组织管理制度也处于极度不完善的阶段。在近两年，党的十八大、十八届三中全会等重要会议中公布的报告、重大决定中，建设国家治理体系、建立服务型政府、改革社会组织管理体制等内容被提出并得到社会各界的重视，在民政部、财政部发布的一系列通知中我们能够看到正在拉开序幕的社会组织管理体制改革。首先要明确的是，改革体现的是结构性的重组，而非仅仅是管理方式上的变化。

第一节　制度场域中的组织角色变迁：从民间行动者至协作治理者

帕特南（2014）将社会团体分为两类：一类是横向社会团体，是在自愿基础上形成的，内部关系是平等横向的；另一类是垂直社会团体，具有非自愿的基础和等级结构。发展中国家的正式社会团体往往依赖国家资助，内部关系具有垂直特征。① 这一论点在我国社会组织的发展历程中可以得到证明。政府的制度性管控几乎决定了自中华人民共和国成立以来社会组织发展的各种关键性进步，主要体现在四个方面：一是政府为社会组织的发展创造了制度性支持，

---

① （美）罗伯特·D. 帕特南. 流动中的民主政体——当代社会中社会资本的演变［M］. 李筠等译. 北京：社会科学文献出版社，2014.

包括转移政府职能、倡导政社分开、放松登记管制和规划专业人才队伍等；二是在资源分配方面，政府直接为社会组织提供资金、税收优惠、能力建设等资源，以直接扶持的方式促进社会组织的发展；三是政府也采用市场化手段实现资源优化配置，间接支持社会组织发展，例如，提供政府购买服务、鼓励公益创投等；四是政府也为公民参与和志愿活动提供平台，通过鼓励和培育社会力量成长来间接支持社会组织[①]。因此，近40年（1978～2016年）以来，在市场体制与制度变迁的强力作用下，中国社会组织的发展趋势呈现与政策支持力度相一致的起伏式发展状态。马庆钰等（2015）认为，从过程状况来看，可以大致分为"复苏发展期"（1949～1989年）、"曲折发展期"（1990～2001年）、"稳定发展期"（2002～2012年）和"增速发展期"（2013年至今）。[②]并且针对中国社会组织的发展状况做出评估和预测、提出社会组织发展的定性定量指标（见表4－1）：

表4－1　2014～2020年中国社会组织发展定性指标表

指标维度		指标内容
A. 社会组织能力	a. 充满活力	（1）全职雇员人数占经济活动人口比重
		（2）志愿者人数占经济活动人口比重
		（3）社会组织数量
		（4）社会工作专业人才队伍的数量
		（5）社会组织结构的合理化
		（6）行业协会商会实行"一业多会"
		（7）评估达3A以上社会组织数量占总数比例

---

① 车峰. 培育社会组织的政策工具研究［J］. 吉林工商学院学报，2015（4）：96－100.
② 谢菊，马庆钰. 中国社会组织发展历程回顾［J］. 云南行政学院学报，2015（1）：35－39.

续表

指标维度		指标内容
B. 社会组织 影响力	b. 发挥作用	（8）社会组织总支出占 GDP 比重
		（9）社会组织增加值占 GDP 比重
		（10）慈善捐赠占 GDP 比重
		（11）社会组织信息披露与透明
		（12）社会对社会组织诚信的满意度
C. 现代社会 组织体制建设	c1. 政社分开	（13）民政部门直接登记社会组织占年度登记社会组织比重
		（14）行政机关与行业协会商会脱钩
		（15）现职领导干部退出社会组织兼职
		（16）公共权力机关发起成立的社团实现脱钩
		（17）官办社会组织分类改革的进展程度
		（18）政府性社会组织发展基金的民间化
	c2. 权责明确	（19）以法律为保障的社会组织独立地位得到明确
		（20）社会组织中党建工作的规范化
	c3. 依法自治	（21）以章程为核心的社会组织内部治理机制得以完善
		（22）加入自律联盟社会组织数量占总数比例
D. 支持与保障 促进	d1. 政府支持	（23）政府向社会组织购买公共服务
		（24）对社会组织的税收优惠政策
	d2. 监管评估与 信用体系	（25）建立与国际接轨的当代社会组织统计体系
		（26）社会组织备案制度发展程度
		（27）社会组织登记监管制度的完备程度
		（28）社会组织评估体系健全和可靠程度
		（29）社会组织信用信息体系建设
		（30）社会组织信用档案覆盖率
	d3. 法治建设	（31）社会组织公平发展的制度环境
		（32）社会组织法律法规体系完善程度

资料来源：马庆钰，曹堂哲，谢菊. 中国社会组织发展指标体系建构与预测［J］. 中国行政管理，2015（4）：68－78. 笔者仅截取定性指标部分。

根据本书在第三章提出组织研究的行动主义路径，此标准可以归纳为三个维度：一是社会组织的自主性维度，包括组织的数量、人才体系、治理结构等（A、B）；二是组织的行动系统维度，包括组织的资源整合系统、行业结构等（C）；三是组织行动的权力规则体系，包括组织的信息和知识结构（积极的权力与规则，动力）、受到的法律制度约束、社会监督（消极的规则边界）等。因此，根据这三个维度来回顾改革开放以来社会组织的发展历程，就会发现社会组织的发展整体状况呈曲线上升的特征，其在社会治理中的角色也经历了从零散的民间行动者到积极的社会治理协作者的转变：

一、社会组织的曲折发展期：零散的民间行动者

1978 年改革开放的方针政策为社会团体的发展创造了机会，以学术性社团为主、辅之以部分农村经济组织的民间组织在开放的环境中开始复苏。与社会组织实践发展相伴而生的是组织管理的制度建设。1978 年 3 月，中华人民共和国民政部正式组建，承担社团管理职能。随后，各级各类政府机构陆续出台一些制度监管社会组织的运行与发展，例如，国务院在 1988～1989 年接连颁布《基金会管理办法》《外国商会管理暂行规定》以及《社会团体登记管理条例》。另外，民政部设立社团管理司，专门负责基金会和社团的登记管理事务；中国的社会组织得益于思想解放和改革开放后建立的良好经济环境，经历了中华人民共和国成立以后的首次较长时间的整体式发展。到 1989 年之前，我国的全国性社团达到 1600 家、地方性社团 20 万家（包括全国性基金会 30 多家、地方性基金会 180 多家以及全国性行业协会 170 多家），分别比 1965 年增长了 16 倍和30 倍。①

1989 年之后，按照"双重管理"的法律要求，社会组织经历了大规模的清

---

① 王名等编. 社会组织论纲［M］. 北京：社会科学文献出版社，2013.

理和重新登记。至 1991 年，社会组织的数量减少至 11 万家。1993 年党的十四大召开，我国明确了进行社会主义市场经济改革的总目标，政府职能、市场职能进入新的改革阶段，以此为契机，社会组织发展再次进入活跃期。在 1995 年世界妇女大会中，媒体的报道推介了 NGO 的概念，激发了民众创办 NGO 和改变传统社团的积极性，到 1996 年，社会组织总量增长到 18.7 万家。1998 年，民政部社团司改为"国家民间组织管理局"，各省级政府也分别设立了相应的民间组织管理局，从此，政府对社会组织的监管在形式上更加完善。随后国务院重新修订了《民办非企业单位登记管理暂行条例》和《社会团体登记管理条例》，对双重管理体制进行了强化。并且，又于 1999 年对社会组织开展新一轮的清理，社会组织总量跌落至 12.9 万家。与社会组织管理体制的管理—监控思路相吻合的是：这一时期的官办社会组织动员机制发展较快，草根 NGO 也开始起步，伴随着裁减合并经济管理部门、转变政府职能的改革，4 万家行业协会从政府机构中脱离出来；各种形式的民办非企业组织开始快速增长[1]；一批国际 NGO 进入中国开展多种公益活动。[2]

从整体上来看，在中华人民共和国成立后的半个世纪中，市场经济从无到有，虽然经济增长较快但市场体制依然不够完善，因此政社关系模式较为单一。这一时期的社会组织处在发展的初级阶段，无论是组织的能力、影响力，还是体制建设、支持与保障体系都刚刚起步，数量较少，质量也不高，自主性、资源整合、学习与创新的能力都处在萌芽阶段，行动能力较弱，专业性特征不明显，因此多数行动是零散的民间集体行动。虽然社会组织在此期间受到相关政

---

[1] 根据民政统计数据，1999 年时各类民办企业单位已经有 6000 家，2000 年上升到 2.3 万家，2001 年时超过了 8 万家。

[2] 根据《中国发展简报》的统计名录，在世界妇女大会后，国际 NGO 在中国显著增加，1991～2001 年有 116 家进入中国，而此前 10 年总共有 55 家。这些国际 NGO 在中国政府默许下，活跃在环境保护、公共健康、教育、儿童保护、农村发展、扶贫济弱等领域。

策的监管，但与政府的互动方式较少，关系疏远，多数社会组织依然处于努力获得实质合法性与社会认可的阶段。

二、稳定发展期：新生的社会治理参与者

在 2002 年党的十六大中，按照市场经济的要求，中国政府确立了建设服务型政府的目标，政府的职能定位发生了质的变化，对政府的经济调节、市场监管、社会管理和公共服务等方面的职能做出具体要求。中共中央自十六大至2012 年，在十多次重要会议决定中逐渐确立了社会组织在社会治理中的地位、作用以及发展目标。

执政理念的变化为国家的宏观战略目标提供了方向，直接推动了国家"十二五"规划中的"加强社会组织建设"专题，并带动地方政府对社会组织的管理和改革进行全面探索：从 2006 年到 2012 年，共有北京、上海、广东、深圳等十个省级地方政府专门对社会组织改革与发展做出政策要求，深圳、江苏、安徽等地方政府专门制定了社会组织发展的"十二五"规划。并且，2006 年以后，在顶层理念的鼓励下，从中央到地方县级以上政府都采取了一系列创新和实验开拓社会组织的发展空间，例如，加大政府购买社会服务的支持力度、加大公益捐赠财税优惠的力度等，这一时期的社会组织发展与经济改革的深化、社会改革的起步密切相关，相关政策表现出较多的亮点，主要体现在以下三个方面：

第一，双重管理旧制开始被打破。这一变化首先出现在 2005 年，民政部首次对各级民政部门提出要求，即要求他们直接承担慈善类民间组织的业务主管单位，双重管理体制松动；2008 年，深圳率先探索对公益慈善类、社会福利类、工商经济类民间组织实行"无主管直接登记"；2011 年，广州市民政局印发《关于进一步深化社会组织登记改革助推社会组织发展的通知》，明确行业

协会、异地商会、公益服务类、社会服务类等八类社会组织可以直接向登记管理机关申请登记（依据国家法律法规需前置行政审批除外），并且于2012年初开始将社会组织"业务主管单位"改为"业务指导单位"，从此之后广东省社会组织可以直接向民政部门申请成立登记而无须前置审批，成为第一个终结"双重管理体制"的省份。2012年，民政部启动全国性社会组织直接登记工作，4个省份试点涉外民办非企业单位登记，8个省份下放了异地商会登记管理权限，9个省份下放了非公募基金会登记管理权限，19个省份试行、开展了社会组织直接登记。2011年国务院公布《社区服务体系建设规划（2011-2015)》，提出每个社区建立不少于5个社区社会组织。其实早在2006年，南京市已率先出台《基层民间组织备案管理暂行办法》，支持社区自治，全面推行社区社会组织备案制。到2012年，社区备案组织已在北京、上海、江西、陕西、宁夏、青岛、浙江等地推进，据统计，总量超过20万个。

第二，全国开始初步探索政社分开的行业协会管理模式。例如，广东省率先推进行业协会改革，并于2008年底完成"业务主管单位"全部改为"业务指导单位"，为200多家无业务主管单位的行业协会进行登记，新成立的行业协会完全由企业自发组建，全部现职公务员退出行业协会中兼任的领导职务，自此，初步实现了行业协会改革的目标："自愿发起、自选会长、自筹经费、自聘人员、自主会务"和"无行政级别、无行政事业编制、无行政业务主管部门、无现职国家机关工作人员兼职"。

第三，将社会组织人才建设纳入社会组织发展规划。2008年，社工师正式纳入职业序列，13.6万报名者参加了全国首届社会工作师和助理社会工作师水平考试，20086人获得助理社会工作师资格，4105人获得社会工作师资格。2010年6月，《国家中长期人才发展规划纲要（2010-2020年)》的十大重点政策中纳入了鼓励社会组织人才发展政策，并要求各级政府将社会组织人才开发纳入各省市的人才发展规划，并且制定加强社会组织人才队伍建设意见。然后，民政部联合中组部等 18 个部门于 2011 年 11 月发布《关于加强社会工作专业人才队伍建设的意见》，该意见中明确指出要促进社会组织发展、培养社会组织人才、提升社会组织服务能力。

上述制度性要素创造的良好环境，共同激励、推动了社会组织的发展，中国社会组织经历了新的稳健发展与深化改革的历史阶段。社会组织总量从 12.9 万个增加到 49.9 万个，年平均增长率为 3.7%。社会团体、基金会、民办非企业单位的数量发展状况如表 4-2 所示：

表 4-2　稳定发展期社会组织的数量状况表① 单位：个

组织类别	2001 年	2012 年	年均增长
社会团体②	129000	271000	13000
基金会③	852	3029	241
民办非企业单位④	82000	225000	13000
社会组织总量	129000	499000	30833

2001 年到 2012 年，政府对社会组织的管理政策有了质性变化，政社关系呈现相互嵌入的特征，社会组织不仅在质量上有所提高，组织的行动能力和资源

① 该部分数据来自民政部官网的历年民政数据报告，http：//www.mca.gov.cn/article/gk/mzgzbg/。
② 社会团体领域分布为：工商服务类 27056 个，科技研究类 18486 个，教育类 11654 个，卫生类 10440 个，社会服务类 38381 个，文化类 25036 个，体育类 15060 个，生态环境类 6816 个，法律类 3191 个，宗教类 4693 个，农业及农村发展类 55383 个，职业及从业组织类 18611 个，国际及其他涉外组织类 499 个，其他 35825 个。
③ 其中，公募基金会 1316 个，非公募基金会 1686 个，涉外基金会 8 个，境外基金会代表机构 19 个，民政部登记的基金会 199 个。公募基金会和非公募基金会共接收社会各界捐赠 305.7 亿元。
④ 其中，科技服务类 11126 个，生态环境 1065 个，教育类 117015 个，卫生类 20979 个，社会服务类 35956 个，文化类 10590 个，体育类 8490 个，商务服务类 8717 个，宗教类 132 个，涉外组织类 49 个，其他 10989 个。

整合能力、创新能力也大大增强，显示出清晰的社会治理中的协作者角色特征。显然，这一时期的社会组织发展与市场经济的完善和政策性支持力度加大具有密切关系。由此可见，政府对于社会组织及社会治理的认识上升到更高的层面，社会组织的合法性问题已基本解决，但影响力还较为薄弱，人才供需不平衡也成为较为突出的问题。

三、增速发展期：影响力增强的协作治理者

中国共产党的执政理念、中国的国家治理理念自党的十八大和十二届全国人大会议召开以后发生了较大变化，表现为一系列重大创新理念、全面深化改革的方案的出台，例如2013年底，党的十八届三中全会中提出《中共中央关于全面深化改革若干重大问题的决定》，深入思考了社会组织在国家治理体系中的地位、在社会治理中的作用与能量，并对社会组织管理制度的改革做出战略性的引导。由此开始，由20多个部委参与的社会组织管理和发展的顶层改革方案设计正式起步，这些规制文件主要内容包括国家社会组织发展规划、修订《社会团体登记管理条例》、社会组织管理制度改革指导意见、登记管理机关的职能调整和四类社会组织直接登记办法、行业协会商会与行政机关脱钩方案、社会组织转移职能目录指引、政府向社会力量购买服务的指导意见、社会组织人才队伍建设意见、对国外境外在华非政府组织的管理指导意见、社会组织税收减免制度、关于党政领导在社会组织中任职兼职规范和党建工作制度、在社会组织内设立党组、探索社会组织第三方评估机制等。在各种具体性管理措施改革的推动下，《社会组织法》的立法工作拉开序幕。2014年10月，党的十八届四中全会中审议通过了《中共中央关于全面推进依法治国若干重大问题的决定》，该决定中8次提及"社会组织"一词，并在十几个章节中部署了涉及社会组织改革发展的方案、专节论述"推进多层次多领域依法治理"中要发挥社会组织

积极作用，并明确提出要加强社会组织立法。总而言之，在宏观政策变革的支持下，当前社会组织的发展态势会进一步上升，在社会治理方面的行动能力继续增强，组织行业结构也处于深化调整过程中，当然，这也对社会组织自身的能力建设提出更高的要求。

总结曲折发展、稳定发展和增速发展三个阶段可以发现：我国社会组织发展在自主性方面、行动系统的整合方面、行业规则的完善方面都取得了较大的进展，并且当前社会治理变革的时期，尚有较大的发展空间。关键就在于社会组织自身面临着一些瓶颈问题需要解决，否则即便有政策的支持，社会组织的发展也很难得到实质性的突破。

第二节　协作治理者的探索：寻求实现组织能动性的机制

在对社会组织工具性角色的认识方面，研究者一般会从政社关系的角度去认识非政府组织、非营利组织的性质、角色和功能：萨拉蒙（2007）认为，辨认非营利组织的功能性标准是"服务"和"表达"两项[①]。他为非营利组织的"结构—功能"定义赋予了组织性、民间性、非营利性、自治性、志愿性五方面特征。王名则在此基础上提出社会组织的"结构—功能—属性"定义[②]。在这些质性研究的基础上，也是在新公共管理运动的推动下，非营利

---

① （美）L. M. 萨拉蒙. 全球公民社会：非营利部门视野［M］. 贾西津等译. 北京：社会科学文献出版社，2007：9－10.
② 王名. 社会组织论纲［M］. 北京：社会科学文献出版社，2013：8－14.

组织开始进一步关注自身的治理问题，希望通过对规划、决策和行动之间关系的探讨来提升组织的效率，通过增强组织的行动能力来增强社会影响力和行动自主性。

在我国，社会组织形式自主性获得从"登记注册"开始，如果要取得合法身份，社会组织必须经过相关部门的认定，即备案或者注册。如果没有合法身份，那么社会组织就无法获得捐赠、无法参与政府购买社会服务项目的竞标、无法参与公益创投等活动，当然也难以获得服务对象的信任与认可。所以，备案和登记注册程序恰当与否，直接关系到社会组织活动的开展和功能的实现，缺乏合法身份，社会组织很难生存下去。当前虽然法规条例逐步修订、政策措施逐步放宽简化，但法规修订与政策出台都遵循不同的作用路径指向、登记管理的门槛降低有一定条件、政府对社会组织的管理观念仍趋保守，由此可见，为了维护既有行政管理秩序、社会治理秩序的稳定，政策制定者之间尚未就社会组织的管理问题达成共识。所以，综观当前社会组织管理政策和社会组织管理体制改革的各种方案，可以看出，政府对社会组织的态度依然保持着明显的两面性：既要包容又要防范、既要支持又要限制。因为政府部门同时扮演政治统治者和社会治理者两种角色，所以它既要履行政治职能又要履行行政管理的职能，因此，政府既要抑制、监控社会政治的自主性蔓延，防止不稳定状况出现，又要鼓励社会组织提供社会服务。

社会组织具有天然的外向性特征，它关注的是群体的或较大的社会范围内的，甚至是社会的公益目标的实现，而管理型治理模式中的制度性要素往往是与其外部性相背离的。这种矛盾的手段容易造成社会组织对制度性要素的依赖：社会组织效率与能力的实现主要受制度环境、资源以及组织的具体行动策略的影响。① 因为社会组织对于政策及其他资源高度敏感，所以，它们很容易根据制度、资源的分布状况来安排组织行动。翁士洪（2015）通过对我国官办非营利组织的考察发现：一是集权体制下制度空间是非营利组织发展空间最重要的外部影响因素，即制度空间越大，则非营利组织独立性越强；二是如果制度空间不足与志愿激励机制缺失相叠加，将导致非营利组织出现内卷化。② 由此可见，社会组织的内卷化是当前制度环境中的一种无奈的现实状况。消除内卷化就意味着要增强社会组织的自主性，祛除它们对制度和资源的依赖，但这些推动社会组织自主发展的能量从何而来，还需要仔细考察。

学界对于社会组织内部治理结构的探讨和实践推动了社会组织自主能力的进一步发展，但就理论上而言，结构功能主义的视角并没有得到改变，其主动性与行动系统也没有得到理论逻辑上的归属，因此，社会组织难以完全发挥其灵活地应对社会治理复杂局面的功能，并且其专业化、职业化的行业发展路径也迟迟难以建立，这种限制反过来也导致社会组织在能力上的不足，使其原本就薄弱的社会服务功能也受到限制。因此，社会组织在社会结构中的角色是不完整的，只能是协作者，不能作为完备的行动者出现在治理结构中。然而，制度和机制上的缺憾并没有阻碍社会组织在新的治理实践和新的理论上的探索和努力。

①② 社会组织内卷化的特征为活动空间的边缘化、组织结构的官僚化、组织行为的策略化、功能作用的游离化。翁士洪. 官办非营利组织的内卷化研究——以中国青少年发展基金会为例［J］. 甘肃行政学院学报，2015（4）：84－96.

第三节　社会组织角色变革：机会与逻辑

一、角色变革的机会：重新认识社会领域中的服务

社会组织与政府组织的共性就在于它们基于公共性特征的服务属性，根本性的差异在于双方对于政治权力的要求方面。在社会治理的场域中，自治性的社团并非要谋求政治上的权力，而是要求实现一般性的、社会生活中的自治与发展权。"非营利组织有最大的社会权力。……组织这种社会权力一定要受政治权力的规范与限制，行使社会权力一定要合乎正当程序，受法律约束。主要体现在以下三个方面：一是组织的这种社会权力一定不能由政治机关行使，一定要由个别组织行使。因为除了完成本身任务所必须具有的权力外，我们不容许组织拥有任何其他的权力，如果有，皆被视为不正当的权力。二是组织行使其正当权力一定要受到监督，以防止权力被滥用。三是组织的基础从权力改变为责任，这本身就已使组织有节制地行使其权力。"① 社会组织通过提供各种各样的社会服务来实现社会权力，服务的过程也就是社会权力得以实现的过程，服务是社会组织行使社会权力的一种方式。从服务行动的本质属性来看，它并不具有与政治权力对抗的特征，而是一种修复性的或创新性的社会行动，致力于良善的社会治理目标的实现。

---

① （美）彼得·F.德鲁克.后资本主义社会［M］.傅振焜译.北京：东方出版社，2009：77－78.

"个体的人的出现显然是历史进步中的一项伟大成果，关键问题是共同人性的假设引发出了人的自我承认的矛盾。如果我们将这一假设搬除，正视人的共生共在的客观事实，正视人在共生共在中的差异，反映到社会建构上的方案就会完全不同。具体地说，就会让人确立起在差异条件下去追求合作行动的观念，并付诸于制度等安排之中。"① 社会组织为个人提供的正是这样一种行动机遇。因为社会组织角色的建构缘于个人与他人关系的重塑需求，是社会发展的必然结果。因此，在合法性诉求这个基本的生存问题解决之后，社会组织的研究不应再关注其身份和功能的问题，而是关注其作为治理的行动者角色的问题，即关注服务者角色建构的问题。"非政府组织其实是一种模糊的群体身份，特别是一些跨国性的非政府组织，也会极力地淡化自己所拥有的身份，会通过强调自己的社会责任而去表明自己所扮演的某种角色。"② 由此可见，社会组织产生和发展的独特路径是因为自身的行动主义特征，而非非政府、非营利的组织身份。

更进一步而言，社会组织提供的社会服务实际上是对社会关系的理性调节，意在恢复人际关系、社会关系之间的客观的、道德的环境。这种再调节在工业时代的初期纯粹是外在的，并且仅限于物质帮助，但现在它也正被扩大包括心理帮助，这些帮助性的服务目的就在于把迷途于现代社会中的人解救或者解放出来。因此，当前的社会服务尤其是社会工作服务展现一种干预公民精神领域、从经济指导转向心理指导的日益增长的趋向。这样的工作不再是一种非专业的慈善，而是越来越成为规范的职业，例如，社会工作者，一方面，他们要承担社会管理的工作；另一方面，又必须干预人们的社会心理问题，从事社会心理辅导和社会关系重建的工作。也就是说，社会工作者不仅给予受助者以物质帮助，更重要的是给予其社会心理、精神方面的治愈。社会工作者从事的是关于

---

①② 张康之. 论社会治理中的身份与角色［J］. 中共福建省委党校学报，2015（9）：4 - 14.

人的工作，社会关系重构最根本的是人际关系的重构，在关系重建的过程中或多或少会有工作关系之外的"人情味儿"加入，"在所有这些发挥着一定的功能、组织化的社会服务的新形式中，都存在着对关系中情感要素的几乎是自觉的操纵"。[①] 但理论上而言，社会工作者本人并不受这种工作性交往的约束，也就是社会工作强调其职业伦理的重要性。因此，社会工作的产生意味着新的社会服务正迅速地取代物质的、朴素的慈善价值理念，越来越趋近于社会的、心理的层面。

如果上述的社会工作能够成功地实现职业化、专业化，那么必然要发生下列关涉社会组织发展的社会变革：那些散见于社会领域、政治领域、日常生活领域中的活动必定会重新结合起来，政府、企业的社会责任部门、第三部门必然要共同致力于这些从属于公共需求的活动。从事这些活动的工作者，应当从富有人性、重视价值理性、富有社群精神的社会成员中挑选。相比于公务人员的职业化过程而言，社会服务的提供者更需要懂得这种具有明显的社会价值诉求的情感在每一点上都要处于个人的调控范围之内，也就是说，从业者必须将社会服务作为一种职业而非一种无所控制的情感来管理。社会工作服务的独特性就在于："当它实际产生时，它却是亲密与客观性、亲近与冷淡、吸引与排斥、友谊与疏远的奇妙结合。它给予帮助，但没有明确的指导。精神分析社会学将不得不发现，如果没有上述那种能使情感与超然以如此全新的结合方式融合起来的社会发展，对于这种个人与非个人要素的奇特混合能否迅速接受是不可想象的。"[②] 因此，对于社会服务的重新的认识有助于我们理解它的主体——

---

① （德）卡尔·曼海姆. 重建时代的人与社会——现代社会结构研究［M］. 张旅平译. 南京：凤凰出版传媒集团，译林出版社，2011：290.

② （德）卡尔·曼海姆. 重建时代的人与社会——现代社会结构研究［M］. 张旅平译. 南京：凤凰出版传媒集团，译林出版社，2011：266－292.

社会组织在社会中的本源性意义，社会组织的角色建构也应该在社会服务的独特性上开展。

二、角色变革的逻辑：服务领域的构建

"在全球化、后工业化已成为一场现实的社会运动之际，社会治理应当从人的角色出发去做出制度安排和构想行动方案。"① 社会组织角色变革的难度来自于治理结构和自身，同样也来自于社会公众、其他群体的认同压力。在社会结构转型的过程中，公众也需要经历自身认知变革的过程，把自己从一个组织人、单位人、体制人等依附于各种组织、关系的不独立的个体转变为一个独立的、多重社会角色的社会人，实际上，从生活方式等物质的、具体的层面来看，在各种技术、知识的支持下，公众已越来越能认同自身的这种独立性，但从意识的、抽象的层面来看，公众却依然缺乏"公民感"，并不能适应个体失去依托、失去原有关系支持的自由，所以，公民变革更重要的方面是要生成更独立、成熟的社会人角色认知。当然，在这方面的变革没有完成时，社会组织与公民、政府与社会组织之间的关系未免落了刻意，流于形式化，所谓合作、协作、参与等组织互动形式，也都或多具有形式主义等色彩。然而，在这个艰难的时期，却也是社会组织推动公民国家变革的时期，社会组织的成员及领导者往往是相对的对社会事务具有洞见的人，对于公共问题和社会问题不仅具有较高的敏感度，也具有较强的动员整合能力，它通过普及社会知识、创新社会交往方式来逐步扩展影响力，获得更多的认同，也因此来影响其他组织和受众。

虽然社会组织处于社会治理结构中的弱势地位，但社会组织的发展、社会治理的复杂化也推动了政府行政体制的改革，事业单位改革、社会组织管理体

---

① 张康之．社会治理的依据：从身份到角色［J］．中共浙江省委党校学报，2015（5）：5-14.

制改革也开始进行，这意味着我国的社会治理结构性改革起步。近年来，加强社会组织建设、促进社会组织发展已上升为国家意志，宏观层面的政策倡导和方向指引为各级政府积极推动给社会组织发展提供了政治依据和现实动力。国家通过减少行政干预、降低准入门槛、政府购买服务等方式支持社会组织发展，尤其注重推动公共服务类社会组织的成长，遵循的是以政社分离为原则的选择性支持的内在逻辑。"加强社会组织建设，应从引导社会组织承接政府职能转移、满足公共服务需求的单项逻辑，转变为强化社会组织公众参与以实现政社关系有序互动的双向思维"① 等策略已经成为社会治理领域的共识。

社会组织的行动领域边界模糊，擅长扩展行动范围、创新跨界合作、建构组织间伙伴关系，因此，从社会组织的角度来看，社会组织对于自身的认识以及对于自身服务领域、公益领域的战略性思考则是社会组织发展的关键点。王名在《社会组织与社会治理》中指出，中国的社会体制改革有三大战略：一是社会组织体制改革，二是社会服务体制改革，三是社会治理体制改革。社会组织体制是社会服务体制的基础，只有社会组织体制完善了，社会组织与政府、公民与政府的关系理顺了，社会组织的行动能力真正增强了，社会服务的供给才能有所依托，政府转移的公共服务职能也有所承载。当然，在社会服务体制改革完成以后，意味着具体的公共问题解决框架得以建立，社会自治和服务能力有所提升，社会治理体制才能从根本上得到合理的设计，自此，社会体制改革得以完成。

---

① 李强. 社会组织建设的内在逻辑与未来方向［J］. 广州大学学报（社会科学版），2015（2）：38－44.

第五章 后工业社会中的社会组织：能动的服务者

"人类天然具备着结成群体，创造生产与生活方式的潜力。"[1] 组织是推动社会进步的最有效形式，这一点在工业社会中已得到证明。社会组织是社会集体行动的产物，是集体行动的规范表现形式。20 世纪中期兴起的新社会运动认为，随着工业社会的日渐成熟，社会运动的关注目标逐渐转移到人的社会权利上来，用身份倡导、符号化方式来推动社会变革，而不是像以往那样通过劳工运动、政治运动与公权力抗争，实现个体利益或群体利益。由此可见，社会"运动"已转向社会"行动"。严格意义上的社会组织，正是在这一时期开始成长的，它们慢慢地形成了自己规范的利益表达途径和行动规范，用倡导和服务的方式来推动社会进步。他在性决定了公益性、志愿性，开放性决定了其权变性、系统性，而他在性与开放性的特征则为其服务型的职业化路径奠定了基础。总之，社会组织自始至终、由内而外都具有行动主义的特征。

一般而言，社会组织不是政府等公共部门发起的，但却提供公共服务，属于广义上的公共组织，社会组织除了非政府、非营利的基本特征之外，更重要

---

① 郑也夫. 信任论 [M]. 北京：中国广播电视出版社，2001：127.

的是具有社会属性，这种特性通过社会组织在治理结构中的角色表现出来。后工业社会具有高度复杂、高度不确定性，因此后工业社会中的组织也应具有应对高度复杂、高度不确定性问题的行动能力。"复杂"意味着组织中的个体、集体及其关系是多元的。社会组织是社会治理的主体，它具有解决社会问题、重塑人与社会的关系功能，其组织内的关系结构、组织的行动路径也具有复杂特征。因为它的行动主体，即组织成员是具有主动行动能力的个人，行动客体，即服务对象也是具有多元诉求的个人。"世界之所以的确变成了一个问题，不是由于它是一个可以独立于主体的客体，而是由于它与主体的经验结构紧密联系。在揭示现实的方法中，现实是在主体自我扩展的过程中呈现到主体面前的。"①因为社会世界中的关联性增强，主体经验与社会环境之间的交往更深刻，所以，对于社会现象的研究就不能仅仅停留在客观的、物质的层面，尤其是对于社会组织这种本质上属于重构社会关系的组织类型来说，要从其社会性意义与主体社会意义的改变方面去认识它。

　　我国社会治理模式丰富，社会组织类型复杂、结构多样，单纯的结构分析、功能分析并不能探究社会组织在从事社会治理事务过程中的行动逻辑。并且在当代中国，政治、经济、社会都处于改革深水期的状况下，各种社会构成要素都具有深刻的关联性，偏执于局部分析而忽略复杂现象背后的丰富社会内涵，专注于社会组织的实体描述和有机体观点，必然将社会组织研究推回至结构化理论的一端。因此，本章通过对行动者之间的关系——关联性、信任等以及行动者的主体性的分析来重新认识组织现象，社会组织展现后工业社会中合作制组织的状态，本质的功能在于重建社会人以及建立合作的社会关系，服务过程

---

　　① （德）卡尔·曼海姆. 意识形态与乌托邦［M］. 姚仁权译. 北京：中国社会科学出版社，2009：46.

中注重人的差异性、结构的开放性、行动的灵活性。

　　社会组织在复杂治理环境中的作用越来越重要，逐渐成为社会治理的主体之一，它们通过表现对社会事务的责任感、社会服务的专业性、治理能力来表征自己的独立、合法的治理参与者的角色特征，以此来获得更多的社会认可、扩大社会影响、积累社会资源。近年来社会组织的迅速发展显著改变了国家与社会关系、给社会治理结构的变革带来了新的挑战，也为后工业社会中新的治理关系的形成提供了契机。新的复杂治理现实要求我们寻求新的理论路径来重新认识社会组织行动、角色及功能。承认社会组织的主体性角色意味着一种视角上的转换，这种转换根源于意识形态层面的转换，以往对于组织的认识是组织的外部结构、形式层面的，而现在则需要转换到组织行动和组织关系的实质性的层面来，祛除形式的客观性。

第一节　总体观察：社会组织的行动逻辑

一、组织行动的核心：他在性中的自主行动

　　就理论上而言，社会组织是一种独立于政府的专门从事社会治理的组织。它是在社会中自然形成的组织，不是政府的组成部分，与政府无隶属的关系。①

---

　　①　在我国法律中，官办的非政府组织也是社会组织的重要组成部分。它们在法律上具有独立的法人身份，能够独立开展活动和服务，理论上具有社会组织的特征。但是它们与相关部门具有千丝万缕的联系，这其中有复杂的原因，也是社会组织管理体制改革中的难题，但是这仍然是社会组织中的一种特殊现象，并不能反过来证明社会组织本身缺乏独立性的理论应然，我们应从组织理论的本身去重新认识社会组织现象。

在社会治理过程中，社会组织具有行动的自主性，也就是说它有行动的自由。它能够理性行动、自觉自愿地开展社会治理活动，而理性反过来又对其行动自由进行监督和约束。社会组织的自主性与独立性一直是备受关注的议题，那么，它的自主性又是来自于哪里呢？我们可以通过图海纳对组织结构的分析来解构社会组织自主性的来源。

图海纳从参与、首创、整体化和诉求四个基本概念出发对组织里的生活进行分析，"它们表达的是特殊整体的所有特性，但这是对历史主体和集体行动有限的表达。"[①] 这些概念表明，个体和其组织的双重关系通过组织里的成员和领导人之间的关系准则来体现。因此很容易根据这些概念来描述成员的行动或领导人的行动，其目的就是将这些概念两个两个地分组。为方便理解，本书对图海纳提出的组织框架进行不完全拆解（见表5–1）；每一个组织都是此四个维度的组合，它的特征落在此四维空间的唯一一点上，我们只能通过二维表格的两两组合来理解组织及其成员作为历史主体的内部行动与社会历史行动之间的连续性行动过程。在图海纳的框架中，社会组织的理想构成应该是一种整合组织：个人诉求与组织发展的融合、团体精神与个人功利主义的统一、组织主体性与历史演进的共时性。由此得出的结论是："一个组织越是合理，它越必须直接遵循社会取向体系"[②] "个体规划的层次越高，个体满意的条件越是集体性的，并且越能用分析组织功能和文化认同的一些术语加以表达"，[③] "在工业文明中，对组织和规划的研究不仅可以将行动主义的分析推广到他们领域中的其中两个领域，也就是说，从社会降低到个体，这样的研究尤其提出了个体

①② （法）阿连·图海纳. 行动主义社会学 [M]. 卞晓平，狄玉明译. 北京：社会科学文献出版社，2012：162.
③ （法）阿连·图海纳. 行动主义社会学 [M]. 卞晓平，狄玉明译. 北京：社会科学文献出版社，2012：184.

和历史主体交会而引发的问题，既个体主体的形成、向集体主义的过渡，最后形成工人意识"。① 总而言之，作为社会集体行动的一种，社会组织不是依赖社会环境、公共领域的结构化存在，它本身就是依据社会成员的公意自然生成的、社会环境的一种表现方式，是通过自治来完成组织使命和社会使命，因此，组织在集体行动中表现出来的自主性是社会的自主思考、自主治理的属性。

表5-1　图海纳的组织分析框架

		b 首创精神			
		b1 技师的专技	b2 功利主义的指挥	b3 人际关系政策	b4 发展政策
a 参与(程度由低到高)	a1 没有个人规划				无个人规划、只有组织权威和领导者权威的强制组织
	a2 个人规划				
	a3 集体规划				
	a4 组织规划		工具组织		整合组织

---

① （法）阿连·图海纳. 行动主义社会学［M］. 卞晓平，狄玉明译. 北京：社会科学文献出版社，2012：188.

续表

工具组织			强制组织	工具组织				c1 干部人员的配备（组织基本的规则、仪式）	c 整合（程度由低到高，在这个维度上，整合程度越高，组织行动力越强）
								c2 个体的激励（近似于功利主义）	
d1 反组织式的乌托邦（有个人诉求，反对组织）	d2 个体权利的捍卫（有个人诉求，用组织行动维护）	d3 团结互助（个人诉求，用组织行动反抗：非正式组织）	d4 社会运动（无个人诉求，以阻止对抗组织）						
d 诉求									

更进一步而言，个人处于组织的环境中，已失去独立的、无关组织环境的思考的条件，即便他力图个人的、价值无涉的思维领域，也无法从组织的文化中剥离出来，因为个人是作为一个整体来参与组织行动、社会行动的，而组织文化对于个人的影响也作用于整体性的人。因此，每个人"处于一个继承过来的环境中，同样被继承的还有适宜于这个环境的思想模式。……每个个体都在两个层面意义上受到在一定社会中成长的这样事实的预先决定：一方面，他会发现一个既成的环境，另一方面，他会发现处于这个环境中的即成的思想和行

为模式"。① 行动的相互依存不仅表现在表面的行为上，还表现在知识、思想等方面。在这种环境中，个人的思想和行动的自主性并没有被组织吞噬，社会人的主体地位也没有丧失，而是通过组织和社会环境的作用得到加强。

组织的行动就是社会个体的集体行动，它的行动自由是有条件的，是受到组织约束、受到公意约束的自主性，这是社会组织产生和行动过程中的他在性，而社会组织的公益性特征也发源于此。因此，道德是自组织开始形成就存在的，并且道德在社会组织中是一种普遍存在。正如库利（2015）所说的："个人和群体在道德思想方面的联系与在别的方面的联系是相同的，个人的良心与社会的良心不是相互独立的东西，而是一件事物的两个方面，即道德生活。"② 法默尔在公共行政的实践意义上提出公共行政人员需要重建他在性，在行政行动中关照他者③，这对于行政组织而言是具有难度的。而他在性对于社会组织而言却是天然生成的，因为他们是以社会的发展需求为导向的。在社会组织行动过程中，"每个主体都是自我但也是他人眼中的他人，当自我与他人之间的对立关系被承认他者并包容他者的合作关系所取代，社会治理也将从政府单一中心的管理型治理模式转变为国家与社会多元主体合作的治理模式"。④

为什么社会组织会有主动性？它的内部构成是基于相互认同的，组织之间也是相互认同的（当然现在在社会组织之间也存在着竞争现象），这种认同基于价值理性，直接生成了信任关系，也带来了认同的扩散与公共性的扩散，因此科层制的低效、僵硬的弊端难以渗透到社会组织中（这也解释了为什么社会

---

① （德）卡尔·曼海姆. 意识形态与乌托邦［M］. 姚仁权译. 北京：中国社会科学出版社，2009：3.

② （美）查尔斯·库利. 人类本性与社会秩序［M］. 包凡一、王湲译. 北京：华夏出版社，2015：271.

③ （美）戴维·约翰·法默尔. 公共行政的语言——官僚制、现代性和后现代性［M］. 吴琼译. 北京：中国人民大学出版社，2009：350.

④ 向玉琼. 论"他在性"导向中生成的服务型政府［J］. 江苏行政学院学报，2015（5）：106 - 112.

组织的结构简单、规模不大，即便是大规模的组织，它也会采用扁平的矩阵结构，实行项目制管理，各项目组具有较强的主动性与决策权）。没有个体之间的认同感，没有诉诸社会价值的个人发展规划，就不能形成信任关系，不能建立社会组织，即便是为了某一具体社会服务成立了这样的组织，它也并非真正意义上的社会组织，要么是官办的非政府机构，要么是企业的社会责任部门，受资助方的控制。

由于社会组织自发地产生于公众之中，它不仅承载着公民对于自由、幸福、平等人类发展的基本要求的追求，也自然地生成了道德约束。社会组织内部不仅有强大的社会能量来推动社会进步，而且同时具有天然的自我监督机制来确定其集体行动的价值理性保持存在。一旦他在性消失，社会组织就会名存实亡。社会组织及其内部成员的他在性是组织价值理性的集中体现，也是对其行动自主性的一种制约与规范。组织成员的关系以公意为内涵，显然，社会组织比政府起源所承载的公意更为彻底和直接，这也是社会组织与政府、私营部门的根本差别。这种公共特征体现在社会组织行动的每一个方面，例如，它以具有公益精神和行动力的员工为主体，它具有动员和整合社会资源、生成和创造公益资本的能力，它的结构简单规模不大但行动效率极高，它能够通过价值理性规范组织行为等。社会组织在治理行动过程中尤其是创造和生产公共服务的过程中表现出价值理性，而工业社会中的政府提供公共服务则往往是在工具理性的指引下完成的。

应该说，社会组织行动主义特征的扩散，是对社会治理模式的一种救赎。它会瓦解管理型的社会治理结构，推动了服务型社会治理模式的形成。

二、组织行动的路径：权变性及合作关系

我们关注第二个核心议题是组织层面的行动者之间的关系，即权力的作用过程。社会组织的价值理性源自于个体行动者的他在性与主动性，这是行动主义研究首先需要明确的核心议题。主体性与他在性是组织行动的基础，但这些要素如何能够发挥作用，则涉及组织行动的规则和权力配置。正如法默尔概括后现代的他在性——"向他者开放、对差异性的偏爱、对元叙事的反对和对已建立的秩序的颠覆"①这些反对现代社会的社会行动基本要素所指涉的那样，社会组织的行动意义也大致可以用这些特征来概括。

我们已论及社会组织的行动源自社会自身的生产，更进一步而言，该行动是源自社会发展所产生的需求。这些需求形成了一种客观的不确定性，通过技术、市场、政治、文化等层面体现出来。还有一种不确定性来自行动关系，传统的组织理论或多或少受到科层制的影响，将组织视作机器，至少是认为它们是有机系统，但事实上，组织由自主的人构成，它永远不可能成为机器。组织的效率由人的行动产生，效率的高低则取决于人们行动的协调性、信任关系等，组织的客观环境与物质条件不可能直接成为其行动和效率的决定性要素，所有的要素都要通过组织成员来发挥作用，这也就是克罗齐耶（2002）所说的"取决于人们能够以何种方式进行他们之间的合作游戏"。②"游戏"一词在克罗齐耶和费埃德伯格（2008）的组织行动研究中具有特殊的含义，行动者具有自由，同时也受到其他行动者的影响，他会以别人的反应为参照来做出自己的行动决定。这样一来，行动者在组织系统内就具有紧密的关联性了。这种高度关联的集体行动，就是"游戏"。在组织行动理论的框架中，权力的本质是一种关系。由此，我们可以界定不确定性的另一个重要来源，那就是由行动者之间的行动中产生出来的人为不确定性。这两种不确定性造就了社会组织在合作结

---

① （美）戴维·约翰·法默尔．公共行政的语言——官僚制、现代性和后现代性［M］．吴琼译．北京：中国人民大学出版社，2009：351．

② （法）米歇尔·克罗齐耶．科层现象［M］．刘汉全译．上海：上海人民出版社，2002：6．

构中的权变特征，组织的行动中的选择、决策体现了行动的权力实现过程，本质上体现的是行动者之间、行动之间的无等级关系，而非一种基于等级差异的"力量"。

组织对待环境的态度、行动中所包含的能动要素能够体现行动主义的特征，也因此与结构主义中的组织被动地回应环境形成对比，也是区别不同类型组织的行动原则的重要分野。尤其是对于制度环境而言，组织要遵循制度环境所建构起来的行动路径，同时也在创造制度环境的新的空间：组织要界定、操纵或对抗环境中的压力，可以通过发起集体行动的方式，也可以采取独立行动，这不仅是在创造新的行动方式和行为习惯，也是在创造新的制度及制度环境，所以"大多数的现代组织都被建构为积极的博弈者，而不是消极的走卒"。①

实际上，组织的行动环境是相互嵌套的行动者之间的关系形成的，行动者的能动性能够应对不确定性，但同时也赋予了行动系统中关系和环境新的不确定性。因此，在研究组织问题时，首先要承认系统的连续性和权变性特征，然后才能从行动者的主体性方面进行挖掘。我们需要理解个体间的关系，即自我与他人的关系，如此才能理解组织行动的边界、环境与个体的交融性关联。社会组织的行动力会给官僚制和现有的治理结构带来革命性的影响。社会组织作为"特殊社会整体"，联结了个体与整体社会，我们应该关注的问题是行动之间内在社会意义的关联与共性，而非组织结构和行动方式上的差异，这使社会组织研究能够在以"公共性"为核心的问题上得到扩展，无论是社会组织内部的结构关系还是它作为集体行动者与其他行动者的合作。因此，社会组织本身就呈现一种权变关系网络的特征，随着组织环境的变化而随时做出行动，当然，

---

① （美）W. 理查德·斯科特. 制度与组织——思想观念与物质利益（第三版）[M]. 姚伟，王黎芳译. 北京：中国人民大学出版社，2010：187.

这些行动是基于合作的价值理性的。在合作治理的结构中，基于上述的权变性，社会组织内部、不同组织之间形成开放的网络状结构，合作行动维护了网络的运转，当然合作的网络中有一些必不可少的基本能量，例如，行动者之间的共识、知识、话语、信任等，因为这些能量本身意味着差异化需求的存在，社会组织则提供了一个开放的平台，承认并包容差异，通过对合作的倡导来化解差异在行动过程中带来的冲击，这使合作关系网络具有较高的弹性与回应能力。

组织的行动环境时刻对其行动具有深刻的影响，这并不是说环境是组织决策的权力性要素。如果非要说社会组织行动要受到权力的制约，那么在后工业社会格局的合作治理系统中，行动者之间的合作关系受制于基于他在性的道德权威和基于主体性的行动权威。张康之在对合作制组织的构想中描述了合作治理系统中权力的功能，他指出"合作制组织中的权力是在合作治理行动中对公共利益的认同和共识，它也会通过法律、法令来加以确定和规范，但合作治理的灵活性、适应性和回应性特征决定了权力与权威的概念走向重合，成为组织成员以及组织普遍认同的结果。在这里，权力的强制性功能日渐式微，而协调功能则日益加强"。① 跟随环境而动是社会组织权变性的外在表现，而组织的主体性和他在性则是其权变特征和合作关系生成的根源。至此，社会组织作为一种新型的社会治理主体的特征已有了粗略的框架，基于组织的这些本质性要素，社会组织在社会治理中的角色和发展路径则可以得到进一步的澄清或建构新的知识图景。

三、社会组织的职业化过程：实现负责任的服务

社会组织的行动主义特征为个人的社会行动的实现提供了多样的选择，社

---

① 张康之. 公共行政的行动主义 [M]. 南京：江苏人民出版社，2014.

会组织作为服务者加入到公共领域中来，意味着治理关系的调整和治理系统中岗位的增加，虽然社会治理的内容繁杂，有关社会服务的行动集合起来必将成为一种具有专门知识的行业领域，从事社会服务的人也面临着建构自己职业路径的艰巨任务，应当说，社会服务的职业化进程已经开启。

社会治理的职业化在社会组织产生之前就出现了，首先表现在公共行政系统。工业社会的分工要求促进了政府的专业化和职业化，行政系统从政治系统中分离出来，形成了完善的科层制结构，在工业化初期，政府部门的专业化和职业化提升了政府治理社会的效率。但是，管理主义模式下的组织体制形成了一种几乎是固态的"身份"制度，人的主体性、能动性不能脱离体制而存在，只有在体制内，附着在组织身份之上的个人才能够发出治理的行动、发挥治理的功能。现代管理系统对于职业者产生的重要效果就是将个人规划与职业规划相剥离，将自主性、公共性与专业化相剥离，这最初是为了符合管理系统和整个工业社会运作的科学性与组织效率，但最终它却导致了社会个体他在性的消失，人们不再对自己的职业负有道德责任，而只是对职业本身负有所谓科学、效率上的责任，这是体现在社会治理职业者个体身上的价值理性与工具理性的分裂。

在协作治理的结构中，社会治理的主要方式是行政管理，行政管理具有体制的权威和政治权力的支持，行政组织的层级结构分明，组织成员享有的权利、承担的责任与其在组织中的身份地位紧密相连，因此，虽然行政管理也注重民主与权利，但是在完备的科层制结构中权力资源分配严重不均衡，"在这种人的平等仅限于虚幻的人格层面。显然，没有实质性的全面的平等，也就没有自由。所以，管理型社会治理与统治型社会治理一样，作为治理者的个人，都没有自由可言。"① 这样的治理体制，对于行政系统之内的个人而言没有自由，必须依附于体制才能开展治理行动，同样，它也没有赋予行政体制之外的治理者自由，例如，社会组织及其成员，完全被压抑住了自主性。因为在治理结构边缘的社会组织本身无法获得治理的行动权力，社会组织的行动自由也中断于此。由此我们可以看出，虽然社会组织的行动理性天然地存在，社会个体有选择在社会组织中从业的自由，但社会组织体制却难以提供一种自由的行动体系来实现组织行动的职业化顺利完成。如果沿着工业社会中的"技术控制"② 思维，用公共行政的思路去思考社会组织的职业化问题，就是通过建立一种形式合法化体制的途径去确保其社会治理行动的职业化身份，也就意味着要开辟一条新的"体制化"之路，在以政府为核心的权力结构中建构社会组织及其从业者的管理制度，继续建构社会治理边缘的核心，用于辅助政府这个治理核心，个体需要进入社会组织的体制，获得相应的身份，才能够进行治理活动，脱离了此体制，个体行动者的公意依然无法寄托。这会复制公共行政职业化的弊端，不仅带来社会组织体制的内卷化问题，还可能带来社会组织的技术控制问题，丧失社会组织的本质特征。

与行政组织的职业化路径相似，社会组织在身份合法之后，也要经历职业化的过程。但是，虽然社会组织像行政组织一样从事社会治理的职业化活动，但它却受到他在性约束的一个权变系统，理论上而言，在其职业化过程中我们几乎不需要担心它受到诸如政府行为合法性的质疑，它体现出来的职业化会是一种基于道德的职业化。社会组织的行动理性特征天然地存在并且为其职业化体系的建立提供了基础条件。每一个治理行动者都在基于他在性的职业体系中

---

① 张康之. 社会治理的职业活动及其道德要求 [J]. 天津社会科学, 2015 (3): 86 - 91.
② 张康之. 合作的社会及其治理 [M]. 上海: 上海人民出版社, 2014: 241 - 250.

有自由的行动权,同时也接受这个行动体系公认的行动规则,能够实现个人的职业发展诉求与组织的行动使命。"非政府组织在整体上可以从身份的角度去加以认识,而其组织成员却没有与这类组织相对应的新的身份。非政府组织其实是一种模糊的群体身份,特别是一些跨国性的非政府组织,也会极力地淡化自己所拥有的身份,会通过强调自己的社会责任而去表明自己所扮演的某种角色。"① 社会组织正是在对身份的淡化和对治理角色的强调中逐步建立其与众不同的职业化路径,给组织行动和个体行动以最大的自由。从社会组织中的从业者的角度来看,社会组织存在的价值,正是因为它将公益、道德等价值理性层面的因素与个人的职业发展、组织的专业发展结合起来,即社会个体在实现自身社会价值的同时,也使社会组织能够完成组织负载的社会治理的责任。

那么,发展新型的服务业,将社会工作者加入到政府的公共行政部门中,或在受行政机构保护与控制的部门中增加了就业岗位,是否会造成第三部门的极度膨胀?克罗齐耶这样回答:"第一种风险是让服务业的使用者有能力直接为服务支付费用,根据使用者的这种能力,来投资发展新型的服务业。……事实上,新兴技术带给我们的是第三产业与第二产业之间生产效率差异的缩小。……第二种风险是社会方面的。……新型的服务业的战略,包含着一种社会性风险投资,这就是为中间阶级重新设定方向。……第三种风险是智力方面的。发挥新型服务行业的功能,即要对在全然不同的领域之中占据统治地位的、人们业已接受的观念提出质疑。……管理,从某种角度来看,同样也是一种服务性的活动,而且它本身就是一种新型的服务。管理,从本质上来说,是一种

---

① 张康之. 社会治理的依据:从身份到角色 [J]. 中共浙江省委党校学报,2015(5):5-14.

人际关系活动，它深深地依赖于一个好的交流系统。"① 显而易见，后工业化过程给服务业带来的影响是颠覆性的，以社会需求为导向的新型的服务业呼唤新的管理模式的产生，虽然管理依然在从事着资源的整合、创造的活动，但其本质却不再是对权威的分配，而变成一种服务，这种服务诉诸于人综合性的社会需求、社会整体发展的需求。同时，这里的服务不仅指某些具体的服务，也涵盖了组织提供的、创造的知识性的、意识形态方面的产品。这些服务形式是在后工业化的过程中逐渐产生的，具有后工业社会的知识特征。可以预见的是，新的服务会慢慢地增加、扩展，形成一种新的职业状态，与工业社会中由于分工而产生的专业化和职业化有着完全不同的含义。

四、建构"服务者"角色：超越"身份"制

自我与他人形成的社会关系是一种客观的社会存在，社会组织也是后工业社会中表现人际关系客观性的一种存在——这种客观性不是结构主义导向的形式客观性，而是一种社会的客观性，"从主体出发确定人类认知行动的本质和价值，再试图由此从认知主体中为客观性存在寻找一块锚地"。② 因此，社会组织的设计也是从个人的社会属性、组织的社会属性的基础上出发的，当然，并不局限于社会组织，具有社会属性、致力于社会人的自由与发展的组织都应当也必须以此为出发点才能够存在和发展。

"工业社会中的身份是人开展活动的资格，而人的现实社会活动则是通过角色去展开的。角色规定了人也形塑了人，决定了人应当做什么和能够做什么。"③

① （法）米歇尔·克罗齐耶. 法令不能改变社会［M］. 张月译. 上海：格致出版社，2008：248.
② （德）卡尔·曼海姆. 意识形态与乌托邦［M］. 姚仁权译. 北京：中国社会科学出版社，2009：13.
③ 张康之. 社会治理的依据：从身份到角色［J］. 中共浙江省委党校学报，2015（5）：5–14.

在工业社会中，人所有的社会地位、社会行动、社会关系等在社会生活中必需的要素都是与其组织身份相挂钩的，如果没有身份，一切的行动都失去了依据。同样，迄今为止，社会治理依然具有浓重的行政管理色彩，因此，各种具体的治理行动都依赖于合法的治理者的身份，如果没有合法身份，那么治理行动就无法落实。实际上，"身份是与社会的封闭性联系在一起的。当社会走向开放时，身份对于人的行为的影响作用就会减弱。……人们的身份意识会变得越来越弱，会更多地关注自己的角色以及角色扮演情况。"[①] 因此，社会组织在合作治理结构中建构行动者角色的过程，也是一个超越治理身份限制、建构多元角色的过程。因为社会组织处于开放环境中，注重自身的治理能力和治理行动的实质效果，在不同的具体环境中，它的角色和功能是不同的，可能是动员者，也可能是创造者，可能是协调者，也可能是引导者，在组织的任务完成之后，它便迅速地退出此情境，并不会强调自己的身份而固守某一种或某几种角色。因此，社会组织的角色是多元的、动态的，与时间和空间有密切的关系，正如吉登斯所说，"什么是组织化？它是一个能够进行'时空定位'的社会系统，这一定位行动是通过系统复制的自我反思和对零散历史的叙述而形成的。"[②] 并且，无论组织进行哪些具体的行动，它从事社会服务和社会知识的使用、创造、生产的具体活动，具有具体的行动任务和目标，因此本质上而言，是一种服务者的角色，既有自主性，又有权变性，是社会治理中的主动的服务者。

任何形式的组织，都是对个体关系的整合和运用。社会组织是社会治理中的合作者，社会组织有能力合理整合个人的自主选择，在不同的事务中发挥不同的作用，扮演服务者角色。在提供社会服务的过程中，社会组织是忽略身份

---

① 张康之. 社会治理的依据：从身份到角色 [J]. 中共浙江省委党校学报，2015（5）：5–14.

② （英）安东尼·吉登斯. 社会理论与现代社会学 [M]. 文军，赵勇译. 北京：社会科学文献出版社，2003：168.

特征的，它并不会特别强调自己社会组织的非营利、非政府特征，而是通过具体的行动来表达，所有参与此行动的个体都是这个服务系统中的行动者，所有的行动将针对此服务展开，没有行动层级的差异。人与组织的关系发生变化，人不再只能是组织中的人、只能依附于组织提供的身份开展社会行动，反而，组织是由社会人构成的组织，组织要为人的发展提供支持性条件。在社会组织中，个人与组织的行动是统一的，个人的诉求与组织的目标也是统一的，个人的社会角色与他在组织内的身份、角色是没有冲突的。正因为社会组织是治理结构中的自在的他者，又有权变的行动路径，因此决定了组织行动的服务性特征，从整体上而言，无论社会组织从事何种具体层面的治理活动，它在本质上都属于治理结构中的服务者。

总而言之，社会组织是社会治理中的服务者，组织中的成员从事和开展各种具体的服务活动，服务的对象是社会人，准确地说是公民。服务是组织行动的产物，但要明确的是，服务并非是终结性的成果，而是过程式的交往行动的扩散，在这个过程中，服务者和服务对象之间不是管理者与被管理者的关系，也不是生产者、销售者与顾客的关系，而是交往的、服务的关系。相比于公民在政府提供的公共服务中的被动地位而言，社会组织这种服务提供者是主动的，服务的接受者也是主动的，在这样的服务关系中，双方的差异不在于身份上的不对等，而是需求上的互补，双方通过对公共事务、社会诉求的表达、对话来不断明确、建构主体间的关系。因此，社会组织的本体性意义就在于引导公民建立表达社会诉求、回应公共事务、解决公共问题的能力，培养社会治理中的主动的行动者。

第二节　社会组织的内部构成：
"服务者"的构成要素

一、组织行动他在性的来源：社会世界中的主体间性

在后工业社会中，社会个体及其群体生活不仅是物理上的共存，这并不是说人们要以抽象的意识去面对客观世界，也不是说他们仅仅是社会环境中的物理现象，而是说他们以一种物理、心灵上的共同的关联方式共同生活在一起。"他们在种种组织化的群体中彼此一起思考，也思考着如何反对彼此。这些人，联合在一起成为群体，根据他们所属的群体的特征和处境而奋力改变周围的自然世界和社会世界，或者力图在既定的条件下保持这样的世界。"① 后工业化过程赋予了社会人独立的能力，也加强了人们之间的关联，人重新发现自我在社会生活中的存在状态和社会意义，这也成为解决工业化催生的社会问题的关键点。人的行动、组织行动的关联性、统一性与社会的发展、变迁紧密地关联，因此，我们可以通过人的行动的统一性、连贯性程度来观察社会的发展与进步。

在人的自我发现中，社会属性被重新认识，个人不仅是自由的人，而且是社会的人，每一个人都是社会中的自主行动者。行动者的主体性具有两个面向，作为组织中的一分子，自我具有自主的行动意志和独立的行动能力，不需要制

---

① （德）卡尔·曼海姆. 意识形态与乌托邦 [M]. 姚仁权译. 北京：中国社会科学出版社，2009：4.

度赋予的合法性来开展行动，同时，自主性又是依存于他在性的，如果他者不存在，那么自我也将无所依存。因此，这就形成了基于道德的社会权利—义务关系，行动者具有道德的自主性，这就是他在性。所谓他在性，就是你中有我、我中有你的相互依、存共生共在的社会法则，他在性是人的社会属性的核心。

哈贝马斯通过考察公共领域中主体间性的变化指出，认识的自我关系向另一种交往方式转变，"看起来集中在自我身上的意识并不是直接的或纯粹内在的。相反，自我意识是沿着由外而内的道路，通过与互动参与者之间以符号为中介的互动而形成的。就此而言，它拥有一种主体间性的核心；其离心的地位证明，主体间性十分依赖作为媒介的语言，通过语言媒介，可以用非客观化的方式在他者身上认识自己。"① 由此可知，尽管每一个自我都与他人的自我不同，自我的成长与实现就是在与社会的互动中完成的，但在一个共同体中，共通的结构性不仅是成员的构成要素，而且也是一种明确的行动要求，只有通过交往完成的彼此共通的态度，才能共同地享有权利。因此，在组织或共同体内部的交往中，人们的共生共在不仅是一种积极的行动结果，更是一种无终止的个体交往行动。

"参与的行为者都努力在共有的生活世界当中，根据共同的语境解释来一起确定其行为计划。"② 共同世界中的人，彼此采用朝向他人的态度，因此彼此认为对方是"他们其中的一个"。如此一来，我也不被共同世界的社会关系的另一方视为真实的人，并且我只能期待对方对我的行动有类型化的理解。所以在共同世界的社会关系中，每一方都是以理念来理解另一方的，每一方都觉察到

① （德）于尔根·哈贝马斯. 后形而上学思想［M］. 曹卫东，付德根译. 南京：译林出版社，2012：198－199.
② （德）于尔根·哈贝马斯. 后形而上学思想［M］. 曹卫东，付德根译. 南京：译林出版社，2012：59.

这种相互理解并且都期待他人的诠释基模和自己的相一致。这里说的"共同世界"隐含了一种行动主义的视角，就是从行动结构中参与者的视角出发去解释和理解行动及行动者。在组织中，个体行动者采用的是朝向他的态度，组织就是他们共有的生活世界。因此，在不同场域中的个体，因为所处场域的不同而表现出不同的群体心态与行动特征，个人的整体性与连续性要在长时间和大范围内才能得到概括，而在某一或某些具体的时空场域中，不同的群体角色是不全面的，它们不仅是相互关联的，而且是合作的。"多层次的动力耦合方式在所有等级层次的某种自主性的维持中表现出来，每一个自维生层次都可以部分自主性的方式与整个环境相互作用和相互交流"①。后工业社会中的自组织不是"单子"的机械性聚合，而是信息、服务等无形产品的创造者，但是，"产品"不再是组织行动刻意追求的目标或结果，而是行动的自然产物，组织的管理和行动是交往和创造的过程，也不再是为了达成刻意目标的方法。总而言之，组织的行动成为社会环境中的诸多"连续统"，组织行动的过程与个人的行动过程统一，组织与个人之间并不存在矛盾或者制衡。

社会组织是新型的组织类型，开创了一种新的组织生活方式。社会组织全面地体现了人们之间的关联特征并能够创造性地使用它，也就是说，社会组织的自主行动建立在对主体间性的认同之上，所以能够保持其集体行动的价值理性。虽然社会组织的前身——非政府组织产生于工业社会的夹缝之中，但真正成熟的社会组织却具有后工业社会的行动者特征。社会组织产生于社会的复杂化过程之中，是人们为了有效地解决社会问题而进行的有组织的集体行动，它是社会治理的主体之一。社会组织是由具有共同治理、服务意愿的个体组合而成的，这体现了人的行为的连贯性，同时也意味着，组织集体行动的自主性是

---

① （美）埃里克·詹奇. 自组织的宇宙观［M］. 曾国屏等译. 北京：中国社会科学出版社，1992.

基于人与人之间相互依存的客观性的自主性。作为治理结构中的行动者，它主动发现社会问题，并通过整合资源、学习知识、创新行动，来达到解决社会问题的目标。在问题导向的组织行动过程中建构的社会关系、创造的社会资源依然会发挥可持续的作用。总而言之，这是社会组织行动主义特征的首要构成要素，即组织行动的自主性、他在性和连续性。

二、自主行动的内部规则：信任关系与合作理性

社会组织的行动具有主动性，组织结构具有权变性，这就意味着组织行动是不明确的、灵活的，并且是具有意向性的。总体上而言，每个行动都是面向未来事件的自主性的活动。其中，面向未来的活动包含着确定性与不确定性的张力，确定性意味着组织有行动的方向和愿景，而不确定性则意味着对于行动环境和行动过程的包容力。因此，意向性的行动在复杂环境中能够产生积极的效果，意味着组织内部的关系虽然不受制度和结构的控制，但却有比它们更有引导能力的要素在发挥作用，这种要素既允许行动者主动性的存在，又保证了组织行动的有效结果。信任是在人的交往过程中产生的，"信任可以使一个人的行为具备更大的确定性"，[1] 因此，信任是回应不确定性最好的方案，也是奉行行动主义原则的组织的最重要的规则。社会组织中信任关系的形成使组织的内部结构和外部行动都能够保持一致的开放性，保持合作行动中的确定性。

组织内部成员之间的认同关系产生了信任。"基本信任的建立是自我认同的精致化，同样也是与他人和客体认同的精致化之条件。"[2] 每个个体成员都具有自主性与他在性，在组织成立之初，组织的内部就有基本的认同要素在发挥作

---

① 郑也夫. 信任论［M］. 北京：中国广播电视出版社，2001：113.
② （英）安东尼·吉登斯. 现代性与自我认同［M］. 赵旭东，方文译. 北京：生活·读书·新知三联书店，1998：46.

用。行动者在交往行动的过程中的交往和对话不仅加深了彼此的了解，更重要的是生成了认同与信任。需要指出的是，虽然认同一般具有同质性特征的要求，但社会组织中的认同却是要建立在人的多元社会属性的承认的基础上的，既要认同组织成员之间的差异，也要认同服务对象的多元化需求。因此社会组织是认同内部构成要素多元化的共同体，而非剔除差异只谋求共性的非正式组织。诚然，有一些社会组织是兴趣性的组织，组织成员都有共同的兴趣爱好，但这是组织服务的主要内容，并非直接构成组织结构和认同关系，并且这些兴趣爱好类的内容并不产生排外的力量，组织及其成员依然还处于开放网络中，承认他者的存在，本质上是人与人之间的关系。因此，正如郑也夫指出，信任产生于社会中间组织①，当然本书将讨论的社会组织也涵盖在其中。这些社会中间组织，尤其是自愿组织具有如下基本特征："自发、自愿、自有、自治，凡带有经济性质的均为自利或私营，组内成员拥有程度不同的相互信任，形成了以信任为基础的内部的秩序。"② 需要指出的是，我们谈及的社会组织内部的信任，与在工业社会中的抽象信任有所不同。实际上，人的主体性和他在性从属于价值理性，即个人与他人之间互依存在，因此，信任作为主动的人与社会存在互动所形成的隐含的认知关系，需要个人行动负有社会责任，这样的一种认知，要先于对法律的认同与执行。

但是，工业社会中的组织主要在其内部建立抽象的信任，即人类对于符号产生依赖，这种依赖就表现在对于"抽象体系"和"专业知识"③ 的信任上，这些建立在客观原则基础上的信任表达了人们对于科学的信仰，也为新的行动

---

① 郑也夫教授将宗族、会党、教门、公司、商社、工会、民间慈善团体、俱乐部等组织形式统称为"社会中间组织"，见郑也夫. 信任论 [M]. 北京：中国广播电视出版社，2001：118 – 121.

② 郑也夫. 信任论 [M]. 北京：中国广播电视出版社，2001：118 – 121.

③ （英）安东尼·吉登斯. 现代性的后果 [M]. 田禾译. 南京：译林出版社，2011.

关系的形成奠定了基础，缓冲了社会工业化过程中的冲突与矛盾，为陌生人之间的关联和信任的形成创造了条件。科学的工具、科学的系统为社会环境、自然环境中的不确定性提供了一些可靠的解决方案，人们因此而信任工具与系统。因此，工业社会的组织寻求的确定性建立在抽象信任的基础上，这种信任是有限的，因为它要极力地剥离人的自主性与社会性特征，所以，组织需要强调秩序、制度、规则等方法来使个体行动符合客观的要求，这种信任也并非是人们之间的信任，而是人们对工具和符号的信任，因此，由符号作为桥梁，陌生人之间建立了共同的、对符号的信任，进而被理解为"陌生人的信任"，实际上是不准确的。工业社会中组织的信任是对工具理性的信任，而不是对人的信任。因此，此时的组织信任中的理性是一种工具理性。在此基础上形成的集体行动、组织行动同样也表现出技术理性的特征，人们也习惯性地采用技术性的思维来认识社会事务，以此经济理性为原点建立的集体行动规则和社会治理模式当然也要符合技术理性的要求，那就是将不同治理主体的行为限定在科学模型可控的范围之内，信任关系的建立也就是此模型所能产生和预见的，个人经济理性导致了集体行动的自利性，短视的结构化模型认为，组织的社会行动具有自主性，组织的行动目标不仅服务于社会，也必须顾及组织的发展，而有时组织的局部利益、短期利益甚至基于道德的行动也可能与社会治理的战略性利益是冲突的，因此，他们往往将组织的行为与其他行为包括个人行为和其他类型组织的行为对立起来，分析短期之内的权力、利益结构，即便是规范化、组织化、基于道德的集体行动也要受到技术理性的质疑。因此个人与他人之间的和谐关系总有乌托邦的意味，人基于天然的社会属性的信任关系被压缩至尽可能小的范围中。

科技推动的专业化与分工使信任也开始碎片化，原本用来应对不确定性的初衷却遭遇了分工的拆解，对于信任本身形成了一种悖论，抽象的信任在后工业化过程中走向终点。西蒙将理性解释为一种致力于实现目标的制度模式和一种人们理解生活和世界的器具。这种理解就决定了理性的有限性，他因此断言当社会的不确定性破坏组织的权威结构之后，人对理性的依赖消失，自我实现的精神由此产生。① 但是，人从结构化的制度中解放出来获得自由，并非是对理性的背叛，而是对价值理性的重新发现，在人际关系的重构过程中建立新的信任关系，这些信任关系产生于人们对于社会性的认同。因此，"信任应当是理性的，这种理性是基于文化价值的理性，在与科学理性相对应的基础上，可以成为'价值理性'；在与工具理性相对应的意义上，则可称为'实践理性'。基于价值理性或实践理性的信任就是理性化的信任……是合作的信任。"② 与工业社会中的陌生人信任形成反差，后工业社会中的信任是社会人的信任，即在对抽象信任奠定的基础上，加入人性、社会性的内容，体现为价值理性的认同与信任。

后工业社会中的组织的信任应当建立在新的行动主义的起点上，"信任不能从属于工具主义，更不能按照工具主义精神来加以建构。"③ 在面对问题时，组织成员所形成的行动网络不仅依靠技术，更重要的是要依靠彼此的理解、对话，确定每个人能够做出对组织有利、对行动目标有利的决策。在后工业社会中，社会关系的多元化、复杂化已是不争的事实，因此，组织通过压缩层级、削减内部关系这些方式来维护组织的生存越来越难以取得预期效果了。"唯有通过在组织中自觉建立起信任机制而使组织获得存在下去的理由，其中，最为重要的就是通过信任机制的建立而使各种交往和人际关系处于调适的状态中，进而使

① 颜昌武，马骏主编. 公共行政学百年争论 [M]. 北京：中国人民大学出版社，2010：108.
② 张康之. 走向合作的社会 [M]. 北京：中国人民大学出版社，2015：221.
③ 张康之. 行政伦理的观念与视野 [M]. 北京：中国人民大学出版社，2008：274.

组织拥有一种内在于组织成员的凝聚力。"①

　　组织信任关系的基础发生根本性变化的原因在于组织交往方式的改变，因此，组织内的信任关系从对工具的信任转向对人的信任。信任，是在人们真诚交往过程中产生的一种价值理性的判断，也就是说，信任是建立在真实欢愉的基础上的，真实的话语可以被对方证明，并且能够在重复性实践保持其含义的连贯，也能够在突发事件中做出必要的中介性的解释，维护行动者之间的关系，并且，在对抗环境压力的过程中建立更深层的信任。"组织也是如此，组织向外界做出的一切宣示也必须是真实的，只有这样才能得到信任的回应。"② 正是因为组织内生成了成员之间的信任关系，并且这些信任并不是内卷化的信任，而是在承认成员的社会人的整体性与自主性的基础上的一种完整的人的信任。这使合作制组织有了实现的基础。

　　经过对合作制组织信任关系的论证，我们可以推断，在社会后工业化的过程中，组织将会经历从技术理性向价值理性转变的历史性变革，在合作制组织中，合作的理性替代了官僚制组织中的工具理性、技术理性的内容，从而实现了组织理性、个人理性的统一。这并不是说那些工具理性和技术理性的完全消失，而是指组织行动的能量以合作理性作为主要内容，"组织与组织成员个人都因为拥有了合作理性而实现了对工具理性和技术理性的驾驭。"③ 因此，在新的服务型组织中，信任具有组织化的功能，也具有合作的功能。

　　另外，信任关系的生成与社会组织的行动规则相一致，也与道德有极大的关联。Rotter（1989）提出道德化的信任④，这种信任是无条件的，个体与成员

　　① 张康之. 走向合作的社会［M］. 北京：中国人民大学出版社，2015：216.

　　② 张康之. 行政伦理的观念与视野［M］. 北京：中国人民大学出版社，2008：234.

　　③ 张康之. 论社会治理中的权力与规则［J］. 探索，2015（4）：85－91.

　　④ J. B. Rotter. Psychological and Implied Contracts in Organizations［J］. Employee Responsibilities and Rights Journal，1989（2）：121－139.

身份相联系形成了普遍伦理观念和固有价值，并不以对风险和利益的计算为基础。[①] 但是，因为组织成员身份是固化的，不以组织环境的变化而转移，因此道德化的信任是固化的，在环境改变时，成员的关系因此改变，而身份却不变，因此此种信任关系并不能约束和引导成员的行动。而社会组织内的信任关系具有行动主义的全新内涵，既有道德的内涵，也具有流动的特征。当成员关系变化，信任的关系却不会因变化而消失。社会组织构建信任关系意味着组织类型的历史性变革，即公共组织中出现由合作理性主导的新的服务型组织。

后工业化过程中人们希望建立的信任关系应该是致力于解决组织分工产生的功能碎片化、权责碎片化的问题。信任减少了组织等级权力运作过程中的消耗、增强了组织的行动能力、提升了行动效率，保持组织行动者多元角色的实现。尤其是社会组织内部的信任有道德属性作为基础，个体的社会属性、社会价值与组织的行动目标统一起来，完成个人行动与组织行动的统一。总而言之，社会组织的行动是公共领域中的交往行动，而信任关系则成为交往行动的核心，社会组织建立的信任关系是一种开放的信任关系，也有能够向外部环境扩散的能量。

三、社会组织的行动场域："公共能量场"

后工业化重构了社会生活中的所有领域，无论是公共领域、日常生活领域还是私人领域。后工业社会是实现全球化、信息化的社会，公共性扩散到社会的每个角落，个人的需求随时都能在公共空间中引发广泛关注并形成公共需求，公共问题与个人需求紧密相连。那么，当一个人针对可能引发公共关注的个人

---

① R. M. 克雷默，M. B. 伯沃，B. J. 汉纳. 集体信任与集体行动——作为一种社会决策的信任决定//R. M. 克雷默等编. 组织中的信任 [M]. 管兵等译. 北京：中国城市出版社，2003：481－524.

需求调整自己时使自身发生改变，同时，也会影响到其他个体或群体，该行动也就产生了对社会环境的作用。在后工业社会中，没有什么内在的思想和情感是完全私人的，以至于不能公之于众。社会组织作为社会人的集合网络，同时存在于私人领域、日常生活领域和公共领域之中。因此，社会组织是社会环境的构成性要素，换句话来说，社会环境就是组织行动的场域。

行动主义视角中的场域是一个立体的概念。"空间的社会管理乃所有社会的显著特征，事实上，所有群体都拥有一个区别于其他群体的运作场所。从一定意义而言，'场所'是一个比'地点'更加可取的术语，因为前者意味着作为互动场景的空间，后者则经常在社会地理学中得到应用。场景不仅是互动发生的空间参数或物理环境，而且是互动的构成性元素。……行动者在维持交流的过程中习惯性地使用了包括空间和物理方面在内的互动场景特征。"[1] 社会科学中的场域具有社会意义，因此，社会场域是复合的、相连的。每个人都同时处于不同的社会场域之中，无论空间对其有无限制，他可以同时面向不同的组织场域表达、对话、行动，也就是说，个人在不同的社会场域中扮演不同的角色，但这并不割裂人的整体性，反之，人们可以通过这些关联性的行动来获得立体的自我实现感。例如，每个人都可以同时属于不同的组织，同时在组织中发挥不同的作用，个人在组织中所建立的关系不是互斥的，而是相互关联、相互支撑的。更进一步而言，主体间性、对话等交往行动使行动关系中充满能量，人的社会行动建构了"公共能量场"[2]。它不是物理学意义上对于公共管理领域的量化概括，而是一种包含想象的隐喻，以此来比喻包含情境、语境和历史性的

① （英）安东尼·吉登斯. 社会理论的核心问题——社会分析中的行动、结构与矛盾［M］. 郭忠华，徐法寅译. 上海：上海译文出版社，2015.

② （美）查尔斯·J. 福克斯，休·T. 米勒. 后现代公共行政——话语指向（中文修订版）［M］. 楚艳红，曹沁颖，吴巧林译，吴琼校. 北京：中国人民大学出版社，2013.

一种具有高度不确定性的公共领域。

社会领域的全面重建改变了社会行动的方式。通过对后工业社会中的人的自主性的考察可以推断，公共性是后工业社会中的普遍要素。我们之前谈到的信任关系与合作理性是组织的内核，而信任与合作发挥的功能就是组织化的功能，即建构公共领域的行动规则和行动关系的功能。信任关系赋予了组织结构的开放性特征，与公共能量场的开放性相契合。

在社会治理活动所形成的公共能量场中，社会组织是其中重要的行动能量，社会组织的行动主义特征是指组织行动具有自主性和他在性，当然这也决定了组织结构的开放性、公益性，作为行动者，社会组织在从事具体的社会治理活动时，则可能展现某一方面或某些方面的行动特征。从社会组织与政府交往的过程来看，体现了交往理性形成的过程。不仅公共领域具有开放性的特征，社会组织作为自主、理性的行动者，本身也具有开放性的特征。他要对社会的复杂性特征有深刻的认识、对多元的价值观有包容的能力。并且它的行动方式、交往行为也是开放的、具有弹性的。社会组织的行动是多元的，这种行动具有日常的、本土化特征，是一种治理的"方言"。"不仅要让共同体介入自上而下的计划实施，而且要让它去做自己想做的事，深知当它的愿望与'来自上面的计划'或行政者的专业判断相冲突时。……这必定是以地方共同体的方式行动的微观政治的发展。"①

话语是公共能量场中的基础交往工具。对于组织而言，话语不仅是个体行动者表达自我意愿、诉求的方式、载体，还是实现组织行动结构的最基本的条件。在组织内部，行动者之间的交往不仅局限于闲谈、对话，还包括具体工作

---

① Amitai Etzioni. The Sprit Of Community: Rights Responsibilities and the Communitarian Agenda [J]. Fontana, 1995, 23 (2): 247.

事务中的协调、对抗等非语言性的意向表达。一个话语体系的开启需要真诚、切合情境的意向性、自主参与、实质性的贡献①。但在现实交往中，对于参与者各方而言，交往和行动的主体往往都是采用不同质观点的人，因为他们对于具体问题的出发点、知识背景等不尽相同，所以社会存在的客观意义不可能完全相同，甚至可能是完全不同的，为了寻求平等而和平的方案，得到民主的、合法的结果，参与者们不得不绕开一些必要的交流和理解过程，以此实现民主的效率。正如政治过程中的民主就致力于通过多元化的参与这种形式上的平等来实现实质性的知识上的公平，所以，民主参与往往流于形式，不能实现个体的诉求，只能求得"少数服从多数"的结果。这是因为没有共同的思想基础就没有共同的问题，不发现差异与分歧的根源来讨论现象，不能得到知识上的改变与增长，这与对话、交往等行动内包含的社会意义大相径庭。因此，要达成合作的协议，并不是完成形式上的集体承认，而是要对交往行动做出改变，"只有通过从结构上对主体间共同使用语言加以限制，才能促使行为者从仅仅关注自身效果的目的理性的自我中心论当中走出来，并且成为交往理性的公共范畴。"② 要避免绕开问题，就要促使参与者接近，利用参与者观点的每一个关联之处来确定分歧的根源，并消除误解。在对话、批判的过程中，参与者各自的知识都能表现出来，并且形成对他人的认识，所以，"通过一种独立的视角，就能揭示对立的思维方式的大致轮廓，因为它在可能的范围内迎来所有不同地位的人，并且后来最终成为公认的思维方式"，③ 这就形成组织内部的交往能量

① （美）查尔斯·J. 福克斯，休·T. 米勒. 后现代公共行政——话语指向（中文修订版）[M]. 楚艳红，曹沁颖，吴巧林译，吴琼校. 北京：中国人民大学出版社，2013.

② （德）于尔根·哈贝马斯. 后形而上学思想 [M]. 曹卫东，付德根译. 南京：译林出版社，2012：170.

③ （德）卡尔·曼海姆. 意识形态与乌托邦 [M]. 姚仁权译. 北京：中国社会科学出版社，2009：266.

空间。

在公共能量场内，交往行动和信任关系的建立要依赖于交流，而交流则需要语言的支持，但语言不是交往的唯一方式，行动者对于他人的认知不仅只是通过语言表达出来，而是通过行动表达，正如我们所说过的，行动是一个主客观相融合的过程性活动，不能对其仅从外表或仅从内里进行理解，而是要总体地理解。这就是说，行动者之间的交往，依赖于语言和动作，但其过程和目标却不是能够用语言概括的，"可以通过语言行动合作化。"① 因此，位于社会场域中的社会组织中充满了以话语为载体的对话、交往行动，组织内部的关系与规则不是民主的而是信任的，组织行动在公共能量场中不是对抗的而是合作的，其根源就在于组织在持续地表达社会场域中的社会意义，并且将交往行动作为公共能量场中的生活方式。具体而言，在中国语境下，作为对社会多元化或个性化的反应，社会组织的兴起引导人们考虑现行制度安排的深层效果。因为，社会组织所显现出来的是融合社会生活的力量，它直接打破了公共领域、私人领域和日常生活领域的界限，赋予不同场域以和谐性和社会实践以总体性。社会组织的行动在无数个公共能量场中发生，在治理情境中，包括社会组织在内的行动者通过交往行为来理解世界、确定行动计划、实施行动方案。虽然这个场域中具有多种结构性要素，但其作为一个合作的整体，内部要素整合的规则不仅遵从合法性，更重要的是要遵从公共意志与合作精神，制度化的要素只是场域边界的补充性要素。

社会组织是社会性的机构，没有资格要求政治权力。但在后工业社会中，所有的问题都在社会世界的层面表现出来，也就是说，政治也在经历社会化、

---

① （德）尤尔根·哈贝马斯. 交往行动理论（第一卷）——行动的合理性和社会合理化［M］. 洪佩郁等译. 重庆：重庆出版社，1993：143.

生活化的转变，所以，我们考虑对于社会组织与政治权力的认识，不能局限于传统的政治、社会分野，而社会组织的行动及本质特征，也并没有在这种分野中为自己划定明确的领域，"组织关注的不是也不应该是政治权利，而是事业。"① 社会组织的产生重建了社会领域、生成了公共能量场，创新了治理中的交往行动和交往关系。因此，社会组织兴起后，社会治理和社会建设需要摒弃一种旧的思维方式和行动习惯，那就是要摒弃仅仅在参与式治理框架下对社会组织的角色和功能做出的肤浅思考。社会治理是行动者在公共能量场中所选择的不同的生活方式，社会转型中的各种问题都可以纳入治理的议程中去，公民生存和发展的权利作为一种生活方式进入到原本封闭的政治系统中。社会组织不仅重建了社会治理的体系，也构建了个体的社会支持网络与亲密关系，同时，社会组织也根据个体和集体层面的行动去构建反思性的社会秩序，重建日常生活领域的德化的、自我实现的、非权威的政治参与方式。这意味着我们将从下方形塑社会，表现为政治体系和法团主义体系之外的代理人也可以出现在社会设计的舞台上。社会组织是社会治理的构成性要素，因此，相关的政治策略和行动方案也应该在认同社会组织的新特征的基础上进行建构。"生活政治"作为公共性扩散的结果，意味着管理中心的日渐式微，意味着权威的逐渐消解。也就是说，社会领域的变革，不仅意味着新的组织现象和交往行动的出现，还意味着官僚制的终结和治理结构的变革。

① （美）彼得·F. 德鲁克. 后资本主义社会［M］. 傅振焜译. 北京：东方出版社，2009：75.

第三节　社会组织的功能：组织角色的实现路径

一、发挥人的主动性、实现人的社会价值：重建社会人

在社会复杂性不断增强的过程中，人们的交往范围扩展了，交往方式也改变了，人重新认识了自我，发现并开始认同他者。后工业化过程中的组织，是认同他者的组织，行动的主动性和他在性不断增强，社会组织的行动是"有意义的社会行动"，承担着重新发现人性、尊重人的主动性的任务。社会组织的行动重构了人们在公共领域和日常生活领域的关系，为社会人的发展提供了平台，既为其成员和其他参与组织行动的服务者提供了动员和整合资源的平台，也为服务对象提供了匹配需求和重构社会网络和社会功能的平台。由此可见，社会组织成为个人地位、功能、责任与自我管理的来源。"所有的知识工作者，不论是受雇员工或是个人工作者，唯有通过组织，他们的才能才得以施展。就此而论，他们是依赖组织的。可是，他们同时也拥有生产资料，也就是拥有属于自己的知识。"①

具体而言，从社会组织的内部审视，组织对于其成员，有发现、重塑自我的功能。因为社会组织与其成员、组织的成员之间存在着复杂的关联性。一方面，个体与其他成员、组织之间相互制约，组织型塑造个体的思想、知识与行动，而个体的惯习又与组织存在着张力；另一方面，成员的主动性又被他人和

---

① （美）彼得·F. 德鲁克. 后资本主义社会［M］. 傅振焜译. 北京：东方出版社，2009：43.

组织所塑造，不断地建构属于组织的社会意义世界。加入到社会组织的个体在适应或塑造组织的同时，个体也被组织氛围所塑造，也因此积淀生成自己新的天性。这样的组织内部的互构过程使社会组织生成鲜明的群体文化。个体与组织统一于实践活动中：组织场域与个体惯习之间通过社会组织自愿活动的"实践"而构成了"生成"或"建构"的动态关系。个体的行为不断地被塑造，形成一种行为模式。同一场域中成员的行为模式又不断趋于同一性、常态性，最终构造一种群体式的生活方式。"组织构成的个体与组织群体之间具有心态和行动上的同步性和同构性。在组织成员个体之间和个体与组织之间，基于这种同步性和同构性而相互信任与合作。……在这样一个群体或组织的行动之中，个体在其才能和力矩范围内做出的任何一个有目的的、有意识的活动，总是在这个总体性结构的场域中被相互抵消，个体的目的性也就在行动的总体中被抵消，达致'无目的的合目的性'境界。"① 因此，社会组织对于人的主动性的激发首先表现在组织内部的成员塑造上。更进一步而言，社会组织为个人社会角色的实现和组织社会角色的实现提供了条件，使"社会行动就是道德行动"②。

社会组织除了为内部成员及志愿者提供平台之外，还能够影响组织场域周边的公民的社会责任感与参与公共事务的能力与方法的形成。社会组织是公共领域中生长出来的合作制组织，组织行动具有公共性、外部性特征，因此它具有吸纳精英的需求和能力，所谓吸纳，并非是将这些人内化为组织的成员，而是对其一些或某些社会资源、社会网络加以利用，并且影响这些组织成员以外的行动参与者建立新的参与公共事务的方法，这是组织对于其成员以外的个体

---

① 程倩. 论非政府组织兴起后的社会生活［J］. 公共管理与政策评论，2013（2）：55－65.
② （美）M. 哈蒙. 公共行政的行动理论［M］. 吴琼恩等译. 台湾：五南图书出版公司，1993：51－101.

的影响——培养公共能量场中的积极行动者。行动者针对他人调整自己，其他人要完成同样的工作，在个体之间的互构过程中，社会场域也变成了另一个场域。

由此可见，社会组织对于社会人的塑造功能是全面的，一方面塑造积极的组织成员，另一方面塑造积极的服务对象，我们可以看出，虽然不同个体因为处于组织关系中的不同位置而内外有别，但个体身份对于组织的行动目标却没有影响，在重塑人的行动和惯习的过程中，组织的角色隐藏起来了，公共能量场的作用发挥出来。因此，社会组织塑造的人的特征并不是组织性的，而是社会性的。在合作取向的组织中，个人的社会关系网络与他作为组织成员的关系网络是一致的，个人的社会关系也是能够促进组织发展的积极要素，个人在交往中增强了网络有效性，同时，组织的关系网络也在此过程中得到加强。所以，个人组织的密切关系既表现在个人对组织发展方向的认同，也表现在组织对于个人社会关系的促进、个人社会价值的实现方面。

当然，从合作制组织管理的层面去考虑，即便是成员具有合作的意愿和价值观的认同，适应的问题也依然存在。并且，虽然社会组织对于个体的塑造具有鲜明的组织文化特征，但这种文化首先基于差异的、合作的文化，并不是排他的、封闭的文化，所以，当组织成员加入组织有不适应的问题时，这些不适应会很快在具体的行动中溶解，只要组织成员对于合作的理念不产生认同上的偏差，也就是说，愿意与其他成员一起接受组织的行动目标和战略愿景，并且为组织愿景的实现而努力，那么，合作的关系与合作的行动就能够生成，合作的组织自然也就能够形成。

当然，社会组织中也会出现成员间的冲突问题。社会组织是开放性的组织，不仅意味着它致力于解决开放性的公共问题，而且意味着组织文化和组织结构的开放性。组织成员间的信任关系产生了合作理性，因此，组织成员对于合作的价值是认同的，有基本的共识。但是，组织成员也有个人的利益追求、价值偏好，这些个人策略如果与组织行动之间产生冲突，那么个人就很难适应组织中的生活，也就是说，当个人策略与组织策略不能保持一致时，个人就会选择离开组织，对于组织而言，它也并不会为成员的流动设置障碍，因为它的开放性和合作性赋予它尊重成员主动性的基本价值观，因此，组织对于人的流动持积极的态度，这也是对社会个体的尊重。

合作制、服务型的组织面对组织成员的适应问题和冲突问题时是从容的，他们认为，这些不和谐因素并非是组织发展中的不良现象，反而是后工业社会中的典型特征，因为"现代组织是由各类有专门知识的人所构成的，而知识本身不分高低，因此，这种知识组织的员工应该地位平等，彼此都是同事，每种知识在组织中的地位是依据对组织目标的贡献程度来决定的……大家都是工作伙伴"，所以，对组织的忠诚程度变得越来越低，而对知识和组织的知识性目标的信仰则将占据更加重要的地位，"组织越成为以知识工作者为主的组织，成员就越容易离开跳到别家去。"[①] 因此，无论从组织成员在组织内部的交往行动还是个体向组织内外流动的情况来看，社会组织都保持开放的状态，发掘并尊重个体的主动性。组织必须向其成员证明，组织能够为成员的发展提供良好的前景与机会。

"人的主动性和创造性决不是人的抽象能力，不是单纯在科学学习、知识增长甚至职业训练中能够达到的，而是人的本质的外显，是治理者作为职业活动者的完整的人的本质的实现。所以，在面向未来而进行社会治理体系建构的过程中，我们所要追寻的是，去建构一个能够让社会治理者的本质得以实现的社

---

① （美）彼得·F. 德鲁克. 后资本主义社会［M］. 傅振焜译. 北京：东方出版社，2009：36.

会治理平台，要把社会治理活动转化成为有益于人的本质实现的前提。"① 揭示社会组织的自主性与他在性，并不是过高估计行动者的行动理性与合作理性，而是为社会组织重塑社会人的独特功能做出阐释。但不能否认的是，因为社会组织的自主性、他在性的天然存在，相比于其他类型的组织而言，社会组织对于成员的甄选和培养有非常高的道德要求，这些人需要具有较高的洞察力、行动能力，并且具有无可争议的道德责任感。而由于社会组织的公益性、志愿性特征，想要通过社会组织获利的人也很难在组织内实现其追求，因此会被这样的组织场域排除在外。如果仅仅从组织的层面去要求集体行动的道德，那是一种奢望，也是对社会组织的粗浅认识，但在现阶段，社会组织可以通过组织成员的选择和管理避免陷入培养集体道德而不得的困境。因此，总体上而言，社会组织的使命，是一种社会性的承诺，它通过引导人向善的愿景来达到社会发展的公平正义，实现人类命运共同体的价值追求。②

二、社会资源的动员—整合：生产社会服务，建立行动网络

社会组织在政府的社会治理体制中被分为三种类型：民办非企业单位③、社会团体和基金会，政府对其采用分类管理的方法进行监管，根据其具体的服务范围和功能，赋予业务主管单位以具体的行政管理权，这就规范了社会组织服务角色实现的方式和组织行动的基本规则。社会组织基本上都具有经济、社会和政治的功能，其中，社会团体还具有"三个特殊的功能，即表达共同诉求、

---

① 张康之. 论伦理精神 [M]. 南京：江苏人民出版社，2010：96.
② 程情. 论非政府组织兴起后的社会生活 [J]. 公共管理与政策评论，2013（2）：55–65.
③ 2016 年 9 月 1 日起实施的《中华人民共和国慈善法》规定，我国的慈善组织将有基金会、社会团体、社会服务机构三种形式。这三种形式就是目前在民政部门登记的三类社会组织。里面已经没有此前登记的民办非企业单位这一提法，取而代之的是"社会服务机构"。

协调集体行动、形成共同体"。① 康晓光指出，"社会组织的功能，既包括现实中已经表现出来的功能，也包括潜在的功能。"现实中的功能表现为提供公共物品、结社和集体行动、公民参与公共治理的工具，潜在的功能包括阶级斗争与阶级合作的组织载体、弥补市场不足抗衡资本暴政限制市场逻辑②，这些功能分别从属于组织不同的属性，并通过服务表现出来。社会组织属于中介组织，对于社会资源的利用一般都跨越各种类型的组织边界，注重资源中可以吸纳或使用的社会性部分，并不特别强调资源的某些商业、政治等属性。实际上，社会组织扮演的是一种社会文化和社会环境的重构的功能，与此同时，也衍生出增值社会资本并使其制度化的功能。

社会组织的行动目标是解决某一或某些具体的社会问题，这些问题的出现往往是因为信息滞后、短缺、分配不均、个人遭遇等造成的，要通过社会再分配或特定的公共服务来救济，因此，这就要求社会组织了解、掌握社会资源，包括潜在的社会资源，并且具有应用这些资源的能力。在社会治理的场域中，有不同类型的资源，如物质资源、人力资源、舆论资源（认知资源、信任资源和注意力资源），还有法律和政策资源。③ 它们都有社会资源的属性，因为它是存在于社会结构当中的一种资源，体现在个人之间和组织之间，这种资源体现为个人关系、成员身份、社会网络和信任关系。④

社会组织对社会资源的使用方式主要表现为动员和整合。这是一对概括力、操作性很强的概念。动员和整合功能具有相同的行动逻辑，关涉组织如何使用社会资源，其结果指向社会关系网络、行动共同体的建立。动员，是指行动者

---

① 王名. 社会组织与社会治理［M］. 北京：社会科学文献出版社，2014：211-212.

② 康晓光. 君子社会——国家与社会关系研究［M］. 新加坡：世界科技出版公司八方文化创作室，2013：33-34.

③ 张康之. 任务型组织研究［M］. 北京：中国人民大学出版社，2009：286.

④ 燕继荣. 社会资本与国家治理［M］. 北京：北京大学出版社，2015：246.

对于社会资源的探索、发现的过程，这与它的自主性特征相关。整合，是更高程度的动员，组织不仅能够使用资源，还能够协调地、综合地使用它们，以达到更好的资源配置效果，与他在性特征相关。使用资源的过程，也是建构社会关系网络的过程，在解决了某个具体问题之后，社会组织的服务项目终止，但这些关系网络却保存了下来。因此，社会组织不仅使用资源，还能创造社会资源。并且，我们在此讨论的社会资源，是一种可再生资源，在人的交往、组织的行动中永续存在。因此社会组织动员与整合社会资源的结果不仅是通过生产社会服务解决社会问题，更重要的是建立了永久存续的关系网络。进一步来说，社会组织在整合社会资源的过程中自然而然地产生了社会服务，服务是无形的，通过各种行动体系和社会关系的重塑表现出来。另外，社会服务的"原材料"是社会资源，而社会资源分布于社会生活的各个领域，如果说政府组织和经济组织对于资源的整合都有清晰的专业性边界，那么社会组织的资源整合范围则要宽泛许多，因为社会组织是社会的第三部门，虽然专注于用"社会之手"提供社会服务、解决社会问题，但由于此公共领域中交织各种参与者的能量，所以社会组织行动背后的资源动员范围和整合模式具有极强的综合性和跨域特征，这是一种治理知识的动员与整合，并不局限于其非营利的、非政府的、公益的属性的限制。

论及组织的社会关系网络的建立，不得不关注我国特有的社团形式——人民团体，现也被称为"枢纽型社会组织"。他们具有政府授予的政治身份，作为垄断性组织，反映内部成员的利益与意志；国家为其提供优厚的政治资源，使其有能力提供有效的公共产品与服务，是政府与民间双方力量的资源枢纽；并且，它们表达个体、群体的利益诉求，并将其输入到政治系统中，建构了社会与国家之间的沟通渠道、程序以及制度，同时将政府政策贯彻执行到相应的社会领域中去。另外，枢纽型社会组织与普通的民间发起的社会组织不同，具有严密的科层制组织结构。① 每个枢纽型社会组织都联络、汇集了数量极大的民间组织、网络组织，同时也与规模较大的官办非政府组织有密切交往，并根据服务内容分门别类管理，形成有效动员系统和行业联盟，通过这样的组织动员与整合过程，不同服务内容的社会组织各自形成服务联盟或专门的共同体，细化本行业内部的服务分类和链条，并制定相应的行业规则和职业守则，当然，这样的共同体的形成并非是枢纽型组织的主观愿望所建构的，而是社会组织专业化、职业化到一定阶段的客观结果。实际上，这样的行业共同体就意味着更广泛的行动网络。

三、社会服务的学习—创造：扩展交往行动，推动治理变革

德鲁克（2009）指出，后资本主义社会中的组织要具备学习创新的能力：首先，每种组织都必须不断改进每个行动、每个活动；其次，每种组织都必须学习对于资源的利用和开发，从其他组织同类的案例中去发展新的行动方式和资源利用模式；最后，在开发利用基础上，组织要培养的是创新与学习的能力。这个过程是一个循环往复的过程②。在具体的行动环境中，组织大量的行动都是重复性的实践，然而在这些重复性过程中积累、创新和抛弃的是一些技术性的思维方式、行动方式等内容。这是从组织内部行动的程序化过程来描述后工业社会组织中的核心交往行动。社会组织面临复杂开放的环境，又具有合作制的结构，它对新的信息、新的知识一直保持较高的敏感度和接受能力，而投身于此领域的个体也对社会发展具有相当高的关注度，因此，对于社会

---

① 王向民. 分类治理与体制扩容：当前中国的社会组织治理［J］. 华东师范大学学报（哲学社会科学版），2014（5）：87－96.

② （美）彼得·F. 德鲁克. 后资本主义社会［M］. 傅振焜译. 北京：东方出版社，2009：39－40.

发展的共同关注使不同的行动者之间有了认同，也有了交往的桥梁。正如麦克亚当等（2006）指出，当中介人将相互之间没有联系的群体联系起来，并且创造一种类似性时，行动者将模仿其同伴，来自于基层的创新能够传播开来。① 因此，与动员—整合功能清晰的外向性特征相比，学习—创造的功能具有更多的内向性意涵，也就是说，社会组织对于社会知识的学习和创造潜在于社会服务的内涵中，虽然"组织要的成果往往都是外在于组织"②，组织的功能外在地表现为动员与整合，但实际上社会组织作为新的服务型组织的意义却是需要学习和创造的能力来实现的。需要明确的是，社会组织的学习与创造行动，不仅是对社会环境的应激性功能，也是内生性的功能，因为社会组织奉行行动主义的原则，成员之间形成信任与合作的关系，这使成员能够在交往过程中保持开放与合作的态度，理解、学习其他成员及组织的话语、行动，形塑自身的行动，行动者能够通过积累经验、持续学习、改进行动模式，提高应对复杂社会环境的能力。

德鲁克将组织成员的角色分为管理人和知识人两种类型：管理人把知识、资源当成是组织执行的手段，而知识人将组织作为一种工具，有效运用知识。社会组织中的成员角色更多地表现为知识人。因为社会组织的运行需要较少的资源，它对于明确的结构、制度、组织的存续的需求弱于组织发展和社会发展的需求，因此，组织成员对于自身的角色定位多在于运用知识、提供和创新社会服务。在这样的角色定位中，组织成员的学习就被置于首要的位置。"学习"是行动者重要的行为方式，行动者通过学习知识、整理知识，在运用和反思知识中的对话、质疑、批评、建议，来实现组织的发展和社会创新。这种行动将

① （美）道格·麦克亚当，西德尼·塔罗，查尔斯·蒂利. 斗争的动力［M］. 屈平，李义中译. 南京：译林出版社，2006.
② （美）彼得·F. 德鲁克. 后资本主义社会［M］. 傅振焜译. 北京：东方出版社，2009：35.

个人与组织、组织与行动场域紧密地结合在一起，也同时创造无层级的组织行动结构。在公共能量场中，个人要学习和变革，个人与他人的关系也要通过学习和变革来发生作用。学习既是对话的过程，也是实践和反思的过程。显然，从微观的角度来看，社会组织的学习功能通过学习动力的产生、向成员授权、知识管理、组织更新①四个过程来实现：

学习动力来自于个体成员共同的反思、质疑以及批评、建议，也通过这种方式来修正、协调个人行动与集体行动的目标的偏差。授权，则是组织行动结构中的具体安排，获得授权的成员要主动承担起责任。知识管理应该是社会组织行动的核心，获得知识、创造知识、储存知识、迁移和验证知识。组织更新则是源于社会需求的一种自然特征，也是组织发展的推动力，由于复杂性需求的不断衍生，组织需要对其应对方案做出更新。这是一个统一的过程。组织的行动学习可以在更宏观的视角中观察，在社会治理创新的过程中，组织行动首先表现为重复性实践，把握社会现实和行动结构。

组织的学习功能不仅表现在组织内部成员和组织结构上，也表现在组织的集体行动上。荷兰学者 Arwin van Buuren 与 Jasper Eshuis（2010）阐述了第四种治理形式——"知识治理"，并将其作为科层、市场、网络治理②弊端的反思和批判。他们认为，知识治理是一种新的治理形式，能够"有意识地组织知识的发展"来解决社会问题。在后工业社会中，知识已成为一种资源，并且具有持续性的治理功能，能够创新事业和解决问题方法，引导行动者远离缺乏活力的行动、协商僵局与利益冲突而带来的困扰，远离传统的观念与行为模式。因此，

---

① （美）迈克尔·马奎特，H. 斯基普顿·伦纳德，克劳迪娅·C. 希尔. 行动学习——原理、技巧与案例［M］. 郝君帅，刘俊勇译. 北京：中国人民大学出版社，2013：11.

② Arwin van Buuren，Jasper Eshuis. Knowledge Governance：Complementing Hierarchies，Networks and Markets？Knowledge Democracy：Consequences for Science［M］. Politics and Media，2010.

治理的意涵发生了变化，即通过公共投资与交互性学习发展新的知识、新的观念与新的能力，促进公共事务治理集体行动的发生。由此可见，知识成为组织行动学习的客体，如果组织行动不主动地学习、交流、采纳或反对知识，那么他们之间将很难达成共识进而实现治理所需的集体行动。①

社会组织本质上是一种使用和创造社会知识的行动体系，作为组织产品的社会服务，也是组织学习和创造的产物，因此社会组织不仅是服务型组织，更是学习型组织。这种组织的功能主要在于将知识引入到组织行动中，这些知识不仅用来改善组织管理的工具、流程，还与组织的价值观、文化、战略等组织知识的内容息息相关，因此，组织结构必须要有容纳知识变化的空间。在重构社会知识的过程中，社会组织扮演着知识的表达者、继承者和重构者等多重角色，与其说组织是新的知识的创造者，不如说它是新知识产生的土壤，为知识的创新提供了平台。这个"新中心"聚合了文化的、精神的或道德的因素，使社会组织成为最能体现后工业社会伦理特征的组织类型。

组织的创造功能依赖于交往行动中的信任关系，创造性直接面对着不确定性的活动，在组织行动面临未知情境、缺乏明确的方案时，就需要创造性思维的支持。"它与基本信任紧密相关。就其本质而言，信任本身在一定意义上是创造性的，因为它需要一种跳入未知的承诺，……把自身创造性地投入到与他人以及客观世界之中，近乎确定无疑的是心理满足和道义之发现的基本成分。"②信任关系所依赖的成员间的认同又是在行动学习中得到强化的，因为社会组织对知识有了学习和理解，并且通过服务表达出来，那么，创新功能成为组织行动的最终结果，而不是最高要求。

---

① 张海柱. 知识治理：公共事务治理的第四种叙事［J］. 上海行政学院学报，2015（4）：61－68.
② （英）安东尼·吉登斯. 现代性与自我认同［M］. 赵旭东，方文译. 北京：生活·读书·新知三联书店，1998：45.

社会组织的创造功能是由学习中而来的，但是，学习对于组织内部治理能力的增长和组织行动能力的提升具有重要作用，在此基础上产生创新的功能主要表现在：创新社会治理方式，社会组织对于治理结构的创新推动行政改革和市场改革。只有社会组织对其行动和知识实现有效的运用和管理，社会创新的成果才能出现。企业社会责任、社会创新的兴起，充分体现了社会组织公益行动对于经济组织的影响。随着社会组织行动的普及，社会成员对于知识的学习和创新就能够有更多的认识，因此，社会组织的学习—创造功能具有深刻的历史性、变革性意义，它传播了创新的价值理念，"对于后工业社会来说，由于创新将成为一种普适精神，从而使作为社会行动的创新失去先锋。……创新就是这个社会的宗教，每人所信奉的都是创新"。[①]（见图 5－1）

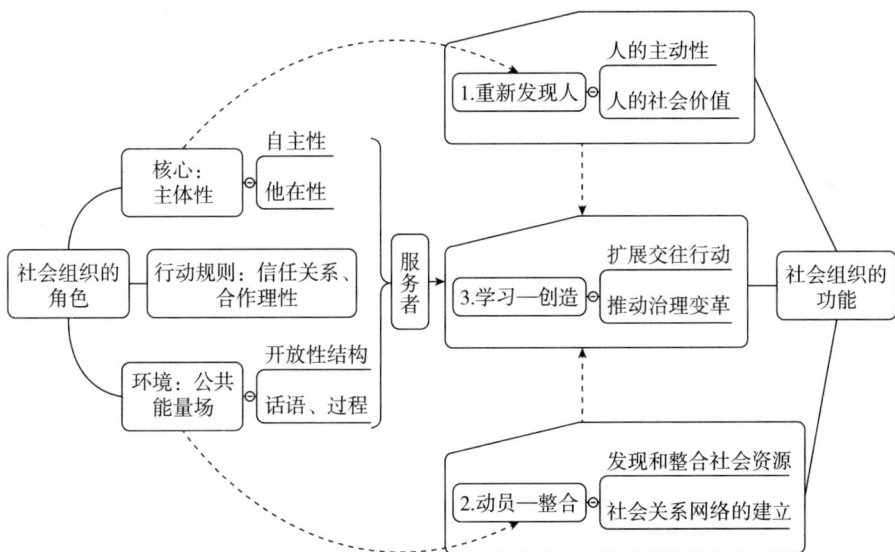

图 5－1　社会组织的角色与功能

资料来源：笔者整理所得。

---

① 张康之. 公共行政的行动主义 [M]. 南京：江苏人民出版社，2014：325.

第六章 在行动主义视角中观察社会组织：反思与构想

"社会科学可以分为两大类：一是社会世界的形式理论探讨社会关系与社会结构的构成，后者包括生活在社会世界中的个体的意识过程内的行动客体性与人造物，同时以纯粹描述的方法来掌握这些事物。二是社会科学也可以把已构成之社会世界的真实存在的内容当作其研究对象，并研究它们本身的关系与形态，例如，已经存在的历史或社会活动以及人造物，而不去关心构成这些制造品的主观意识流程。"① 显然，本书选取的是第一类，通过纯粹的描述，探讨社会世界中的个体意识过程内的行动客体性：社会个体的主动行动与社会属性，以及与社会结构的构成类型——社会组织。社会组织是新的社会关系构成类型，是一种新的组织现象和社会行动模式，掌握了社会组织的行动者角色，也就是掌握了新的社会历史时期中新的社会行动特征。因而，本章的目标不是建立直观领域内新的事实或经验，而是"要探求的乃是心灵的不变本属结构，或探求

---

① （奥）阿尔弗雷德·舒兹. 社会世界的意义构成［M］. 游淙祺译. 北京：商务印书馆，2012：349.

社会心灵（精神）生活不变之本属结构，换言之，追问它们的先天特质"。① 也就是说，通过对社会组织的构成探究社会人的心灵的本属结构，追问组织人的先天属性。

"人和社会必须在想象中研究。"② 我们总是在寻求某一种或某几种可以推而广之的固定行为模式或行为规则，试图以此来应对未来的未知事件，这种思维模式依然是工业社会中被动的行动者的套路。但在后工业社会中，每种固定的行为模式，都将成为行动者对过去事件的反应和描述，而不能成为对当下事件的解决方案，更不能成为对未来事件的预测。后工业社会中的高度不确定性和高度复杂性是充斥着社会的每一个细胞的，因此，新的事件和环境使社会治理中已没有"固定模式"可供使用，我们能够做到的应该是基于人类共生共在的发展要求，对人类自身的能动性、道德性和社会的不确定性的深刻认识，专注于人的发展和社会发展的本质，而不是沉迷于形式化的技术和表面上的共识。在社会现实状况的要求下，研究者不仅要有全景式的视野，还要有整体性的观点，研究历史的和国家的状况，并且从中创造出自己社会的理想环境："这种理想的环境将鼓励每个人去享有任何他人所曾有过的文化去充分地发展自己。总体生活的狭隘和不平衡表现为个性发展的萎缩和不健康。社会秩序不应夸大任性中的某些方面而因此牺牲另外方面的发展。它应该有利于发展我们所有的高尚的倾向。"③

行动主义的观点是在现象学哲学流派的基础上发展起来的，尤以拉图尔、

---

① （奥）阿尔弗雷德·舒兹. 社会世界的意义构成 [M]. 游淙祺译. 北京：商务印书馆，2012：57.
② （美）查尔斯·库利. 人类本性与社会秩序 [M]. 包凡一，王湲译. 北京：华夏出版社，2015：84.
③ （美）查尔斯·库利. 人类本性与社会秩序 [M]. 包凡一，王湲译. 北京：华夏出版社，2015：310.

克罗齐耶、费埃德伯格等的组织行动理论最为典型。他们将组织视为连续统，考察组织连续的行动在环境中的角色与变化，从本质上而言，行动主义的组织分析是在对组织中的人的社会属性的重新发现的出发点上构建起来的。集体行动，并非个体行动的总和，而是在交往过程中形成了点面结合的网络，在这样的网络中，个人的、组织的、经验的、理论的、期望的、目的的要素交织起来，每个要素都具有推动网络变化的能量和自主性。行动主义是组织行动的必然原则，作为人际关系的结构化组合、集体行动的表达方式，应该创造这样的环境，激发人的高尚倾向，规训狭隘的、短视的、不健康的欲求。它为我们提供的社会治理的思路可以表述为：

在社会治理的语境下，国家、政府、企业、社会组织、公民均为治理的主体或称为行动者，他们在具体的治理问题中共同分担着治理责任，按照各自专门的能力和角色来分工、合作，分散风险，分享治理成果，在这样的过程中，个人的能动性、组织的自主性都将发挥作用，社会治理的合作系统也由此而建立。更进一步而言，行动主义视角下的社会治理暗含了这样的伦理学隐喻与理论假设，即道德是一种自觉，社会人、由社会人组成的组织具有道德、自律的自觉性，因而在社会共同体中，合作行为才能够发生。对于社会组织而言，在社会治理的结构中，其行动在社会规则中发生，即组织行动要受到社会环境的影响，但社会组织的内部结构及其个体成员之间的互动关系也通过组织这个关系网络对社会环境形成直接或间接的作用，因此社会治理的网络结构并不只是指不同类型的组织构成的网络，而是指社会个体、组织形成的复杂网络结构，是社会组织的合作体系。

第一节　行动主义理论的反思：认识论与方法论

一、认识论：行动主义的研究范式

"行动中的人们已创造了通过经验和理智洞穿他们生活于其中的世界的一系列方法，还没有任何一种所谓的精确认知方式对这个世界的分析能达到与之同样的精确度。"① 的确，社会个体的思维和行动都是复杂的，社会行动更是复杂，将主客观条件相分离的唯物论价值观很难对社会的复杂性与不确定性问题做出详尽的解释。从组织层面来看，行动主义试图将不同层面的历史主体，即整体社会层面、集体层面和个体层面的行动相互关联，通过决策、符号表达等方法建构起行动者们共同的行动结构。有了对人的社会属性这一理论原点的支撑，这样的组织交往分析框架更加关注人际关系准则与社会系统之间的关联。组织的行动分析法并不是要确立普遍性的论断直接用于指导具体行动，那样就使具有思想性的知识变成技术性的行动指南，而无法带来思想上的甄别与创造，也就不能对事物的产生和发展有本质的认识。实际上，行动主义的观点是对人的自由、自主的本性的描述与还原，那么人们之间的行动如何能够既独立自主又相互关联，就成为行动主义要回答的最基本问题。并且，隐藏在行动主义内部的是这样一种认识论观点：思想和观念并非是形而上的孤立存在，它们受到

---

① （德）卡尔·曼海姆. 意识形态与乌托邦［M］. 姚仁权译. 北京：中国社会科学出版社，2009：1.

行动经验的支撑，但要明确的是，这些思想不是集体经验的加总，是从集体历史经验中浓缩和抽象出来的，人们对于社会世界的认识通过各种方式实现，"因为存在着许多同时并存的和相互冲突的思想倾向（绝不具有相等的价值），他们都用自身对共同经验的不同解释来相互斗争。这样，理解这一斗争的线索，就不会在客体本身中被发现（如果被发现，便不可能理解客体为什么表现出如此多的折射面），而是会在来源于经验的各自非常不同的期望、目的和冲动中被发现。"①

首先，针对于主体之间的关系而言，舒兹强调日常世界的主体间性特点，世界是"我们的"而非"我的"；② 社会世界不是一种客观意义上的系统，而是由充满了能动性主体所享的意义构成，集体行动的心灵不能直接地推及至个人情感和行动意义，同样，由个人语言也不能直接地推及集体行动语言的这两种理论逻辑，因此对于社会知识的理解"不开始于单一的个人及单一的个人的思想，也不是为了在有了这样的开端以后按照哲学家的方式朝着'思想本身'的抽象高度进行"。③ 实际上，社会学研究本就置身于人类的日常生活世界和社会世界当中，观察互为主体性人类的微观互动过程，并因此来认识社会的结构、变化和性质。相较于以往的结构主义而言，这种重新发现主体的思潮引起了社会学研究范式的变化，也激发研究者用更适宜的方式来观察组织现象。行动主义学派吸收了现象学的精髓，为组织研究开创了新的范式，它抛弃了层级、制度、结构等人们所习惯的、传统组织研究中一些基本要素，致力于发现组织中的人的本质，这是行动社会学兴起的学理上的缘由。

---

① （德）卡尔·曼海姆. 意识形态与乌托邦［M］. 姚仁权译. 北京：中国社会科学出版社，2009：255

② （奥）阿尔弗雷德·舒兹. 社会世界的意义构成［M］. 游淙祺译. 北京：商务印书馆，2012：5.

③ （德）卡尔·曼海姆. 意识形态与乌托邦［M］. 姚仁权译. 北京：中国社会科学出版社，2009：3.

其次，行动对于客观与主观的统一。虽然行动主义强调社会环境的普遍性和客观性，并且将所有的物质性行动及其主体放置其中进行观察，但行动的观察者的视角不仅具有主体性，并且还是独特的、唯一的，无论行动者与观察者是否为同一主体，对于行动的理解、分析必然需要有视角、有观点、有知识来支撑，所以观察者、研究者甚至行动者都是从自我这个本体出发，去看待社会现象，因此，"我们所获得的、针对主体提出的问题的答案，在一定情况下，理所当然地只有在观察者的视角范围内才是可能的"。① 我们通过观察和分析所要努力达到的客观结论，无论如何是要从观察者、分析者的本体出发的，那么，所谓的主客观之间的划分，也就失去了意义。社会行动不是完成式的概念，虽然它总是具有明确的意向性、明确的主题，但它并不是一个能够终止的系统过程，因为它总是在行动者的个人意识、社会集体行动的意识中进行，只有不断地追溯这些意识流，才能明白对于主客观要素的划分、明白其中的深层意义。② 无论是研究者、观察者还是参与者，都是行动过程中的行动者，人们在重复性的实践中不断更新领悟能力，产生新的知识，这样知行结合而产生的知识能够促进行动者理解行动环境、理解环境中的各种制约因素、各种风险、机遇，因此，有了对主体间性的深刻理解，也就自然而然改变了相关利益群体的行动哲学，并且行动者对变革的诸种构想和设计，也有了全新的面貌。

每个人都在社会共同体中生活，共同地分享生活、共同地克服困难，在合作的群体生活中生产知识、分享知识。组织集体行动产生的是社会知识，对于行动者来说，行动和变革的过程，是社会意义赋予的过程。只有赋予意义的、

---

① （德）卡尔·曼海姆. 意识形态与乌托邦［M］. 姚仁权译. 北京：中国社会科学出版社，2009：283.

② （奥）阿尔弗雷德·舒兹. 社会世界的意义构成［M］. 游淙祺译. 北京：商务印书馆，2012：47.

评价性的定义为手段，事件才会被系统化为一个过程，在这个过程性的过程中，无论是积极的行动还是消极的行动，都能够被争取。因此，如果抽空了行动中的意义、知识，仅仅从表象上去反映社会存在的"原貌"，那么就成为工具主义思维的附庸。"我们属于某一群体，不仅因为我们生于其中，也不仅因为我们承认属于它，更不因为我们给了它忠诚和依附，而主要是因为我们用这个群体的方式（即讨论中的群体的意义方面）看待世界以及世界中的特定事物。在每个概念中，在每个具体的意义中都包含着某一群体的经验结晶。"① 从组织内的生活来看，组织成员之间、成员与组织之外的环境之间的交往行动所产生的文化、价值观、愿景以及其他一些社会意识层面的共识、规则，都成为这个组织行动场域中的行动者的共同的思维方式。

人们致力于理解的是处于历史环境的具体背景下的思想，并且一直认为这些思想、理论等从环境中抽象出来的知识最重要的存在意义就是它的预测能力。但行动主义的解释力与预测力并非是此理论最重要的存在意义。因为行动主义对于人的本质和人的行动的观察与分析是其理论原点，而复杂性条件下人的思想与行动又是具有极强主动性的，即便是有意向性，本质上而言是不可用物理方法测量和预测的。个体作为行动的原因无法测量，也就意味着行动的结果无法测量，因此，行动主义理论要想建立先验的因果关系法则是不可能了。那么，它的理论预测价值就在于抛弃先验的因果模式，使人们在社会效益和社会意义的层面有更多的理解。也就是说，在有关社会行动、社会理论的研究中，研究者最终还是要致力于人的行动的研究，而不是行动的因果关系研究，要厘清人类行动和实在的意义结构之间的关联，而不是将行动与结构性要素强制性地关

---

① （德）卡尔·曼海姆. 意识形态与乌托邦 [M]. 姚仁权译. 北京：中国社会科学出版社，2009：20.

联起来。

行动主义学派的研究范式实际上是关于"社会人"及其社会行动的研究范式。正如舒兹所言，"任何社会世界的意义诠释都是'实践取向'的"。[①] 行动最终归结在人的社会意义上，而意义也形成该行动本身，并且在行动者的交往行动中形成关涉性的行动与知识。

二、方法论：行动主义组织研究方法的反思

行动主义的相关理论采用的是一种实践论的范式，理论原点在于人的行动自主性与他在性。因此，在这种范式基础上的研究方法也就脱离了唯物方法论中的客观存在决定主观意识的僵硬模式，也正是因为唯物论指导的研究方法已成为默认的思维模式，行动主义遭受了可行性与客观性的质疑。例如，有些研究者认为行动主义理论没有研究方法[②]，还有一些研究者则认为即便是可以算作一种方法，但这种方法却缺乏客观性、科学性，也不能用来预测未来。他们认为，虽然行动主义对于当下具有较强的解释力，但缺乏使其成为规范的理论的要素，缺乏可操作性。所以，即便是行动主义的研究策略是最为贴近社会行动的现实状况的一种描述，也很难应用到实证研究中去。实际上这种质疑正是社会科学的新的方法论的起点。

的确，对于人以及人们之间关系的复杂性的认识，使研究者要对组织的行动的具体策略经过深度体验、高度抽象才能进行下去，因此研究者是要承担一些风险的。以昔日的理性主义无以为继的借口为凭，放弃分析和知识的生产，与它所试图消除的各种社会问题相比，这种工具主义的方法带来的危害更大。

---

① （奥）阿尔弗雷德·舒兹. 社会世界的意义构成 [M]. 游淙祺译. 北京：商务印书馆，2012.
② 郭明哲. 行动者网络理论 [D]. 复旦大学博士学位论文，2008.

采取行动主义的分析方法原因并不在于组织是无政府状态的、是混乱无序的、是没有清晰边界的，也不是因为行动领域不易分门别类，所以人们不得不转向一种激进的相对主义，放弃分析或理解的企图，不再尝试运用理性去发现诸种模式，去解构实际行动复杂性背后的诸种社会机制。而是因为人们必须同时而且也许特别要接受我们的知识的有限属性。我们的知识是有限的，因为它是局部的，是带有先见的，是不完整的；然而，最为重要的是因为它不再使我们能够探索一种整体秩序，而要理解这种秩序，除了通过它在行动的经验领域之中的诸种折射之外没有其他的途径。①

正如曼海姆（2009）所指出的，集体生活产生了知识，这些知识并不需要被一些理论提前证明可行性。而且与人们所习惯采用的科学研究方法相反的是，科学的知识和理论原本就是在人们对经验数据的归纳中得到发展的，而且科学理论的真伪随着经验数据的变化而变化。"方法论与认识论方面的革命一直是获取知识的直接、经验方式所产生的后果和对它做出的反应，只有不断地求助于专门的经验科学的方式，才能使认识论的基础变得如此灵活和广阔，以至于不仅能认可旧的知识形式的要求，而且还支持新的形式。这种独特的状况是所有理论的、哲学的学科特点。"② 自 20 世纪中期兴起，20 世纪末兴盛的网络学派对于政策网络、社会网络的分析为解释行动社会学的方法论问题做出了较多的探索，人和群体的两重性，当一个人加入一个群体时又把他所隶属的其他群体的关系带到这个刚刚参加的群体中来，并且人们的行为受到网络的约束。③ 因此，在这样的基本理念建立之后，抽象的"行动系统"有了相对明确的研究范

① （法）埃哈尔·费埃德伯格. 权力与规则——组织行动的动力［M］. 张月等译. 上海：上海人民出版社，2008：366.

② （德）卡尔·曼海姆. 意识形态与乌托邦［M］. 姚仁权译. 北京：中国社会科学出版社，2009：273.

③ 周雪光. 组织社会学十讲［M］. 北京：社会科学文献出版社，2003.

围和抽象的环境，内嵌性①、结构洞等具有操作性的理论被应用于网络分析中，尝试性地描述行动系统的动态关系结构和行动者的行动路径。但这些技术虽然尽可能地考虑到环境和网络节点关系的复杂性，但依然局限于局部性的网络，对于行动系统的整体性影响和行动者的主动性分析能力有限。由于行动系统具有连续性，网络研究的目的在于网络的整个行动过程，而非行动的结果，因此对于结果的代表性、有效性等要求很低。总而言之，虽然网络分析法使行动社会学有了具体的发展，但它依然很难与其他理论进行对话，也具有技术上的难度。

行动主义的视角要求研究者一方面要熟悉其行动领域，加深对这一体系的理解，另一方面又赋予其创造自己的观点和解释的空间和能力。因此，行动主义的研究产生的是有特点的、有针对性的结论和推论，而不是具有普适性的"真理"或"客观规律"。首先，因为研究者具有专业的技能和广泛的知识积累，在研究过程中拥有研究的独立性与合法性，他参与行动的过程，并且又超然于行动系统之上，依然保持着研究者的"外在性"和旁观者的理性。其次，因为研究的明确目标是描述和理解体系运行功能的各种事实和状态，所以研究者要努力找到充分的理由，对这些现象进行尽可能充分的描述和解释，这些解释一定是被观察者、参与者与研究者赋予了社会性的意义的，并不一定要与系统内部的价值、文化完全相符，因此，行动主义的研究，实际上是研究者对于行动实践的再一次创造。最后，行动系统中的事实显然具有同时共在性，也就是说，一个行动的面相因为不同的时间和地域的限制而展现出不同的特征，因

---

① （美）马克·格兰诺维特. 镶嵌：社会网与经济行动［M］. 罗家德译. 北京：经济科学文献出版社，2015.

此，从研究者和行动者的观察角度，往往产生新的解释和意义，创造新的知识。[①]

所以，出于上述这些原因，行动主义研究者需要身体力行地去体验行动，不管是作为参与者的经验还是作为观察者的经验，也就是说要与他的研究对象发生具体的关联。唯有如此，才能够体验行动的动态特征与组织、结构等宏观系统的历时性变迁。费埃德伯格（2008）对研究者的角色做出了形象的描述：

"在组织分析的研究之中，分析者从事田野调查如同一块海绵那样：他/她并不持有诸种见解，也没有诸种观点，他所拥有的知识对于研究的具体行动领域之中发生一切事情的永不餍足的好奇心。他/关注任何一个人提供的所有信息，并且竭尽所能，努力进入被访谈者的'主体世界'；他/她将接纳它们的所有论点、所有的辩护理由、所有的描述，不对它们进行反驳，不对它们进行简化，也不对它们进行改动，甚至不用行动领域之中的另一行动者的观点来反对它们。……显而易见，标准化的、定量的方法，对于强调同情、强调行动者主体性重构的这样一种解释性态势并不那么适用。因此，它主要依赖于临床的、定性分析的方法。"[②] 因此，这种体验和分析要基于研究者的较高程度的参与体验与不加主观干涉的观察。也就是说，研究者在观察过程中不对行动者的动机有预设，这是一种没有假设的观察，在观察和参与的过程中，研究者和行动者之间是没有差异的，在观察过程结束之后，研究者才回复至一个更抽象或者更宏观的层面来分析、批判该行动领域的整体情境和具体行动。需要指出的是，研究者在观察的过程中，已经具有一些基本的理论原则，至少对组织研究的社

---

① （法）埃哈尔·费埃德伯格. 权力与规则——组织行动的动力 [M]. 张月等译. 上海：上海人民出版社，2008：431.

② （法）埃哈尔·费埃德伯格. 权力与规则——组织行动的动力 [M]. 张月等译. 上海：上海人民出版社，2008：348.

会学方面是有所了解的。这些理论基础，构成研究者的主观世界，但仅仅用于辅助观察，而非提供分析框架或者是理论假设。

虽然行动主义的研究是对社会经验的研究，是对社会问题的本质性思考，但行动主义的理论和它所关照的事实之间依然存在着较远的距离，这是观察者和研究者必须要明确理论与实践之间的距离，具体而言，它指的是研究者思想的自由自主与实践状况之间的认知与想象的距离。如果取消这种距离，就意味着要取消行动主体之间的关联、行动的本质属性、研究者的想象等社会意义层面的内涵，社会行动沦落为机械的表象，"取消理论与实践之间的这种差异将会意味着取消行动者的自主性和自由余地，取消与之相伴随的行动组织整体的政治属性；所有这一切职能意味着，我们成功地把一个变革的进程改变成为一个自动化的、机械化的程序，并且使任何一种创造性的人类发明都成为多余之物。所以，真正的问题不是要消除这种差异，而是要承认这种差异的不可避免，要学习如何管理这种差异，也就是说，要逐渐认识这种差异，理解这种差异，而且最终对这种差异加以利用。"①

第二节　重塑组织管理：社会组织管理的实践逻辑

一、行动主义的本质：发现组织中的人性

经济人理性体现的是人在有限资源环境中生存遗留下来的一种竞争性的行

① （法）埃哈尔·费埃德伯格. 权力与规则——组织行动的动力［M］. 张月等译. 上海：上海人民出版社，2008.

动习惯，与人类相互关联、相互依存的社会属性相悖，并非人的本性。随着人类的发展，这种所谓的"理性"必然会被抛弃。如果将经济理性作为出发点进行研究，那么无疑这种研究是短视的、局部的和落后的。工业化过程中产生的社会问题，证明了经济人理性的存在，但同样也证明了该理性未来不可存续的必然性。马克思的观点认为："人的本质不是单个人所固有的抽象物，在其现实性上，它是一切社会关系的总和。"① 在社会后工业化的过程中，信息技术的发展为充分交往提供了物质条件，因此，人的社会属性也会表现得更为充分。组织成员的行动并不仅只是为了解决其共同面对的问题、实现共同的利益目标，同时也在完成组织目标的过程中，实现成员个体的利益诉求。因此，个体与组织行动目标需要协调一致，这就要求行动者紧密联合、高度合作。这种合作是一种分工—合作，合作体现的是集体联合的力量，而分工则显示的是个人的能力与专长。

每个人都是在多元化的场域中连续行动，因而构成每个个体的社会身份的不同描述总是会消逝在焦点之中或焦点之外。与其他时间其他情境中的角色和行动相对照，社会个体在当下的行动语境中的角色是在社会世界中显现出来的表象，其他时间和情境之中的角色和行动则成为潜在的内容，只有当情境切换时，那些潜在的部分才有机会呈现出来。由此可见，人的社会身份不是一劳永逸地被建构的，而具有情境的特征角色对于维护个体行动和意义的完整性更有实质的意义。对于社会人的理解也可以放置在组织人的理解之中，组织中的人依然应是完整的人，具有不同面向的角色，角色由人来自主选择，它能使人恰当地面对不同的情境。在本体的意义上，社会组织语境中的管理就是对人的管理，既是对组织人的管理，也是对社会人的管理，从更本源的意义上来看，实

---

① 马克思恩格斯选集（第一卷）［M］．北京：人民出版社，1995：128．

际上社会组织的行动是对人在社会环境中的不同角色的组合或重建。如果组织以人为核心进行设计，就不能局限于部分角色特征的功能、压抑住其他的角色、削弱人的主动性，而是要使人的多元社会角色得到完整的保留，并得到发挥作用的空间。社会组织的产生和存在，就在于它对社会人的生存、发展需求的认同与保护，对于社会生活的重建与创造。

　　"角色是一种组织现象，人只有在组织中才能扮演某种社会角色。"① 从"角色"这个词的定义和属性来看，角色是人的社会属性的自然延伸，是天然的社会存在，与组织中按照科学和效率原则分割出来的"岗位"不同，人自出生起就逐渐与他人、组织建立不同的交往关系，因此在这些关系中也就在不断地扮演着不同的角色。因为角色具有自然生成特征，它是通过对工作的发现而存在的，是社会个体在交往过程中产生的自然结果，因此，角色是以人的交往为中心的，不同的交往过程会产生不同的角色，角色是对人的社会特征的多面描述，而不是对人的行动的禁锢。因为角色的出发点和最终应用都是人，不是静态的岗位或身份，以人的社会性和多样性为基础来建构组织内的管理模式，将使组织具备面对复杂性和不确定性的应对能力。基于角色的上述特征我们可以推断以角色为单位建立的组织更强大，角色可以实现灵活组合，更能够应对复杂环境。"在宏观的历史视野中，人的身份和角色都具有历史性，全球化、后工业化将意味着人的身份的完全消解，人的社会活动将依据角色去开展，可以设想，后工业社会中的角色将不再是由某种外在性力量强加于人的，而是人的自主选择的结果。"② 我们已经论述过社会组织成员的角色正在呈现这样一种状态，社会组织的行动主义特征也正是来源于此，因此，社会组织的人员构成方

---

① 张康之. 论社会治理中的身份与角色［M］. 中共福建省委党校学报，2015（9）：4 - 14.
② 张康之. 社会治理的依据：从身份到角色［M］. 中共浙江省委党校学报，2015（5）：5 - 14.

式和内部关系对于社会人的完整性和主动性都有积极的意义。

二、行动主义的实践价值：通过角色建构改变组织人力资源模式

从实证研究的角度来看，行动主义的兴起也是符合社会发展的基本趋势的。后工业社会在整体上具有高度复杂、高度不确定的特征，因此这就要求组织具有综合的、主动的行动力应对高度复杂、高度不确定环境和问题。组织的功能也渐趋综合，角色也更加复杂：虽然经济组织具有逐利的本性，但却要与社会发展的需求联结起来，企业的社会责任不能再被作为树立企业形象的工具而存在，而是成为组织发展战略的重要组成部分。政府组织固然具有政治职能，但其行政职能则要经历巨大的转型，逐渐从管理型转向服务型。社会组织作为社会服务者，承担社会治理的责任，推动社会进步。

组织功能的变革，必然要落实到组织成员的能力和角色变革的具体层面中。而且行动主义强调组织成员的自主性与主动性，那么组织中的人力资源模式的变革就成为组织变革的基础。然而，在当前的组织管理实践中经常出现人才供需不均衡、权责不匹配的问题。这是因为工作分析将组织岗位"颗粒化"，也就是不断分解组织的功能，分解行动者角色，导致组织对于自身行动及其成员的背叛：这种分解导致组织无法形成合力应对环境的不确定性和复杂性，也导致个体行动者整体角色的碎片化、权责碎片化。

在复杂环境中，行动者往往需要综合的能力、复合的角色去处理复杂问题，因此，组织变革的重要战略之一就是重构人力资源的开发和利用模式，不仅要建立权责匹配的岗位，更重要的是要发挥人的主动性，这是符合社会后工业化过程中的行动主义原则要求的。发现组织中的人，在中观的组织层面就意味着要改变以往组织管理中的因岗定人，而是要因人定岗。原因就在于，组织是社会人的集合，发挥人的合力，因此要尊重人的社会属性和本质特征，组织的制度安排和结构设置都应该以此为出发点进行设计，把人的主动性、他在性、个人的追求、价值目标与组织的行动目标协调起来，建构总体性的行动结构。行动主义原则中的组织人力资源管理，本质上是对人的合作能力的培养与行动能力的引导。因此，在社会组织中，个体成员不仅有表达和实现个人社会价值追求的空间，也有学习知识、变革自我、建构社会网络的长期的个人发展愿景，个体的发展与组织的行动是能够结合起来的。

第三节　行动主义的组织构想：社会组织合作体系建构

一、社会组织的行动策略：社会服务的专业化与本土化

由于社会组织提供各种各样的社会服务，这些服务不是政府提供的那种救济性的或被动的公共服务，而是主动的、支持性的服务。因此，这些服务之间往往表现出因地制宜的特征，即便是同一个社会组织，其不同的服务项目，或者同一个服务项目在不同的社区，行动方式和服务模式都是千差万别。社会组织提供的是个性化的社会服务，这就要求它对服务领域和服务地域内的文化、价值观等基本状况具有深刻的理解，不同的服务区域有不同的服务需求。因此，社会服务的专业化，建立在本土需求的基础之上（本书所指的本土化并非在国家的层面上的本土化和异域化的含义，而是就社会组织服务行动的范围和区域而言的）。社会服务的专业化在很大程度上意味着组织行动与服务的本土化。社会组织的本土化战略至少具有两层含义：一是组织内部的本土化，二是组织行

动和服务的本土化。

社会组织内的本土化与专业化集中表现在组织成员的行动上。首先，社会组织作为一个治理共同体，凝聚的是具有差异的集体认同，在很大程度上，它是一个社群主义者的集合体，所以，在该组织服务区域之内的个体更容易受到其组织价值观和战略目标的吸引，主动参与并加入到组织的集体行动中来；其次，由于公共能量场的开放性特征和组织的整合、创造能力的存在，社会组织需要有除了他们的服务热情与社区道德意识之外，还需要有对当下情境、文化、知识以及历史较为了解的成员加入；最后，基于本土成员对于社区及组织的了解以及成员之间长期积累的认同、信任，容易在组织之内建构经验理性导向的人际关系网络，这样就提升了组织的行动能力，改变了现代组织中依靠学历等"客观"、标准化条件所设计的人力资源筛选、聘用标准。同时，这样的人力资源模式，也自然而然使社会人完整的、多元的角色实现诉求得到满足。也许有人说这种方式会导致小团体、非正式组织等现象出现在组织中，直接影响社会组织行动的实现，但我们已在前面一章对社会组织角色的结构中指出，因为社会面对的是高度复杂和不确定的社会环境，需要不断地学习新的社会知识，整合社会资源，因此它具有开放性，这就决定了组织成员除了对本组织和本服务区域的情况具有详细的了解之外，还需要在工作过程中不断增长知识，保持学习的状态。

社会服务的本土化趋势也对其专业教育提出了要求，但从当前情况来看，社会组织中人才流失的困境难以化解①，但教育部门却培养了大批缺乏社会服务本土实践的"专业"人才②难有用武之地，其原因就在于我们对于"专业化"

————————————

① 微信公众号"公益慈善论坛"2013 年 11 月 20 日推送文章《公益人才极度匮乏：近两成从业者月薪 1000 元以下》。

② 微信公众号"社工客"2016 年 1 月 29 日推送文章《如何吸引更多优秀人才加盟社会组织?》。

含义认识的不足、对本土化策略认识的不深刻导致实践领域的需求与人才供给方的培养目标不相匹配。从表面上来看，由于缺乏专业人才，造成了社会服务专业发展受限。但笔者认为，社会组织的人才和专业性问题根源不在于人才流失和专业性不足，而在于人们发掘、培养人才的认知、方式有误。

法默尔（2005）认为，在规范化方面，"我们可以采取一种反程序和反建制的态度，而同时还能提供服务，但要说明的是，服务的本质必然地要为'反'的态度所修正。"[①] 这就是说要反对的是规范化，因为规范化本身代表着一种控制。根据行动主义视角中的社会组织重新发现人的社会属性这一理论脉络，社会组织需要对"专业化"重新厘定标准：所谓社会组织的专业化，最根本的是服务的专业化和治理行动的专业化，与前文所提到的本土化密切相关，此专业化源于服务领域与地域的本土化特征，遵循的就是差异化、反秩序、反控制的原则，专业化并非西方化，往往教育领域批判实践领域专业化水平太差都是与西方国家相对比，忽略了政治、文化方面的根本性差异，因此，通常认为的专业化不足，实际上是西方化不足，提出的解决方案也是用西方标准去指导中国案例，产生的结果就是专业化评估报告和实质的服务状况的"两张皮"现象。专业化变成了西方化，并且专业研究越是西方化，就与本土化距离越远。因此，我们所指的专业化，是与组织成员的服务领域与服务地域性相关联的，是对行动主义原则中的主体间性的实践。因此，对于社会组织中人才的发掘和培养也需要从行动主义的基本原则出发，设计新的人力资源管理方案。这需要组织在吸纳人才方面改变态度与策略，从本土的资源出发，吸收本土人才并进行精英化管理和提供再培训、深造等机会，提供事业型激励，保持组织人员的

---

① （美）戴维·约翰·法默尔. 公共行政的语言——官僚制、现代性和后现代性［M］. 吴琼译. 北京：中国人民大学出版社，2005：371.

相对稳定，同时，教育系统中社会组织相关的专业设置与培养方案也应从本土的专业化培养、社会科学素养的积累等方面进行改革，在此基础上，建立行业内部的人才流动机制，激励社会组织人才的良性流动，实现社会组织内部管理资源和外部行动资源的双重更新。这是组织行动能力增长的关键步骤，也只有如此，社会服务才能实现专业化。

社会服务本土化除了体现在其内部成员配置上之外，还体现在它的服务行动上。正如冯永锋所说："最困难的公益，是最草根状态的公益。最有效的公益，是最本土的公益。最有效的公益，是最传统的公益。最有效的公益，是最笨重的公益。"[①] 因此，社会组织的专业化与管理主义中所倡导的技术专业化、统一性、管理过程的专业化有着完全不同的理论基础。社会服务的专业化不仅需要本土的技术作为支撑，更重要的是将整合的外来资源、文化顺利地融汇至本组织的集体行动和服务中，融入社区环境，这并不是要实现服务上的"标准化"而是要在开放性服务的过程中完成文化、价值层面的交流和衔接，这才是社会组织行动的本源性意义。这就意味着，支持性机构对于社会组织的孵化、培育不仅需要普及基本的非营利组织管理技术，还需要因地制宜地设计培训课程、能力培养方案，宗旨就在于发掘该社区的知识、文化与治理经验。

二、行业内组织间的体系：建构社会服务的价值链

社会组织的行动是一种可持续的复杂社会行动，组织的特性在于社会性，而非非政府性或非营利性。组织层面的合作体系建构，应致力于社会服务行业链和价值链的整体性建构。

---

① 微信公众号"公益慈善论坛"2015 年 10 月 2 日推送文章《冯永锋：公益行业到底需要什么样的人才？》。

在社会组织建立完善的社会服务行业体系方面，我们可以成立于伦敦的、致力于社会创新的"IMPACT HUB"为例来构想：

HUB 是一个以实体服务于社会创新项目的行动网络，为社会创新项目的交流提供基础性的交流平台。HUB 本质上是分支独立的，非宗教性及非政治性的联盟，呈现网络状的结构形式，以操作跨网络的公共项目。① 它并不对项目的盈利与否做限定，而是专注于这些项目的社会效益。HUB 鼓励成员组成"工作集群"，由分布于不同国家、地区的实体机构组成，是一个庞大的社会创新网络。在信息技术支持下的脱域时代，HUB 为人们提供富有社会意义的场所，人们彼此通过直接、具体的接触就认同或分歧进行交流。HUB 的场地设计有协作工作区、新型会议室等，旨在聚焦社会事务的变革焦点、启发成员的创造意识。各地 HUB 均创办一系列活动，工作坊及创新实验室，以帮助社会创业者进一步实现创业计划。有了这样的物质条件做保证，加之 HUB 的社群跨度广泛，涵盖各异的专业背景、文化、国籍及处事手法，这些公共项目就能广泛接纳多样化的观点，但坚持相似的价值观和目标。而 HUB 的目标即是消除分歧，促进"不可能的"融合与协作，开启为实现可持续发展世界的合作计划。在 HUB，社会创业者能找到志趣相投者，扩充人际网络。同时也有机会与世界范围内的同好者、合作者及投资人交流想法，构建协作行动，并促进自身项目进展。从日常交流合作到各种触发灵感的活动，人们可以在 HUB 享受到以同僚互助为驱动的学习机会，从而扩充对世界的认识，制造孜孜以求的影响力，并寻求最具效率、创新性及创业性的路径以实现目标。并且网络成员间的互助学习能够激发集体智慧，并激励成员共创事业，以教化、启发和改进周遭环境之人事。最重要的是，就 HUB 成员集体行动的范围而言，这些社会项目覆盖几乎所有产业和职

---

① 关于 IMPACT HUB 的详细介绍，请见 http：//www.impacthub.net./。

业，从公平贸易、环保时尚到扶贫小额信贷，从融合教育到零污染供应链，从企业内部创业者到点对点的众包模式，以及更多其他领域。HUB 协助创建可扩展的事业模式，以使在 HUB 麾下运作的机构能获得财务上的可持续性，并产生实际影响力。

由此可见，整个 HUB 建构的行动网络首先为顺畅的对话、交流提供了物质上、价值观上的各种鼓励与支持，因此，致力于共同目标的个人、组织与行动之间至少具有全面的了解和认同，甚至是产生更高层面的信任关系，那么，行动之间的结构性要素就弱化了，人们的精力更易集中到对于意义的理解和行动的本质目标中来。假如公共领域是一个"市场"，那么社会组织就是其中的生产性组织，它的资源、产品需求以及生产成本来源于社会，产品供社会消费、"盈利"所得的社会资本供社会部门从事再生产。在上一章阐释了社会组织内部的服务型结构构成的基础上构想，社会组织领域中的结构也将呈现合作制的特征。这就意味着社会组织内部将以不同的服务领域为范围形成一定的行业体系和行业规则。HUB 为我们提供一种建构社会服务内部行业网络的可行模式，实际上它展示的是一种社会组织的共同体，但这种模式需要社会环境中的各种构成性要素的配置比较完整。这就是说，要建立公益共同体，需要不同行业的支持和相对成熟的社会发展状态。

我们首先借用一下企业管理领域的"价值链"概念①。"价值链"这一概念由美国学者迈克尔·波特（2005）提出。企业的全部生产活动，包括设计、生产、销售、发送等活动集合在一起，就是一条价值链，企业的竞争力的强弱取

---

① "价值链分析法"由美国哈佛商学院著名战略学家迈克尔·波特（2005）提出，他把企业内外价值增加的活动分为基本活动和支持性活动，基本活动涉及企业生产、销售、进料后勤、发货后勤、售后服务。支持性活动涉及人事、财务、计划、研究与开发、采购等，基本活动和支持性活动构成了企业的价值链。详见（美）迈克尔·波特．竞争战略［M］．陈小悦译．北京：华夏出版社，2005.

决于组织内部价值链的完善程度，因此，价值链的存在是为企业组织的效率和竞争力服务的。但这其中蕴含了另一种隐喻：组织行动系统的行动、观念和价值连续性的重要意义，实际上包含着合作的理念。社会组织所处的社会服务行业同样应是一个巨大的价值链，其中，每个组织、每个个人都在为该行业最终的价值产出做出贡献。虽然在行业价值链中存在着同类主体间的竞争，行业链为组织和个人的发展提供了支持性的条件，因此，组织具有良好的环境可以专注于服务，进行良性的竞争，创造社会资源。例如，在公益行业，公益价值链包括金融、实业、研发以及咨询。然而实际情况是，"我国的公益价值链几乎完全坍塌。在整个价值链中，任何一个中心都没有构建起来，更别提四大中心。……公益行业没有发挥其应有的功能，在社会上其自身就是一个弱势的存在，就更别提帮助弱势群体、服务社会大众了"。[①]

以价值链中的金融部门——公益基金会为例，我国的基金会往往都以实业为主，对实业型的社会组织提供的资金支持只占支出资金的一小部分，并且对于申请方的审核条件较为严苛，社会组织申请资助并非易事。针对基金会资助中的怀疑、审判特征，冯永锋（2014）指出，政府部门和基金会要从"管理型"转为"服务型"，要"迅速察觉每一个公益从业人员、公益从业机构的最新动向，迅速捕捉这样的资助良机，迅速确定资助策略和框架，迅速地签订资助协议并成功放款，然后，把所有的探索成本、失败成本，都由自己承担，所有的成功和进展，都由行业共享。只有这样的基金会，才可能负担当今社会的边缘化资助任务"。[②] 对于"迅速"的要求，实际上意味着组织行动和交往规则

---

①　褚蓥. 健全价值链是公益行业大势所趋［EB/OL］. 社会创业家，2014（09/10）. http：//she-chuang. org/magazine/details. jsp？ id = 2192.

②　冯永锋. 从不专业走向更不专业［EB/OL］. 社会创业家，2014（03/04）. http：//www. she-chuang. org/magazine/122. html.

的变革，也就是要求建构不同类型组织间信任关系，建构合理顺畅的行业规则和组织体系，那么，这就要求有可支撑新规则的行业基础：申请资助、审批资助、成功放款的过程，是信任建立的过程，资金的申请和审批困难，是因为信任关系没有建立，或者说建立在错误的基础之上。冯永锋提出公益行业靠的是信任，组织的信任甚至是一种"文学情感的'信任'"。我们已经论述过，社会组织的信任，建立在价值理性和经验理性的基础之上，当然，表现出来的方式是一种绝对的信任，所谓文学情感的信任的方式，但是其形成原因却是建立在自主性和他在性的基础之上的，当然，具体的表现方式就是社会组织内各种行业规则的确立，例如，各种公益共同体或者是某一具体服务业的成体系的价值规则，都能够将社会组织的信任和信誉能力体现出来，也杜绝了社会组织的违法行为，因此，在这样的信任体系的基础之上，实务型社会组织和支持型组织之间的行动关系会被简化和加速。

在社会服务的创造和生产中，价值链的连贯程度尤为重要。我们已经证明，社会组织是对社会关系和社会资源整合的一种重要方式，在社会资源丰富到一定程度且分配不均时，社会组织参与其再分配过程，其中，虽然组织具有能动性，但它作为一个基础性的、枢纽型的平台来回应问题，服务需求并不强调自己的非营利或非政府身份，而是强调其社会属性与动员、创新的能力。因此，社会组织所形成的职业化体系，并非是封闭的体系，而是整合的开放系统，与其说为自己的行业划分出明确的界限，不如说为社会资源的整合制定适宜的行动规则。更具体而言，在此价值链系统中，重要的不是建立独属于非政府组织、非营利组织的行动体系，而是要将已有的社会资源和既有的规则整合、打通，为服务型组织发挥作用提供基础性的支持。因此，行动主义为我们提供的组织的构想方案，实际上是对于既有资源的创造性使用的思路，其中，制度性的行动规则作用较弱，权变性的、他在性的规则是其核心。因此也就能够保障社会组织领域内必要的行动秩序，既协调不同集体的交流与合作，也保证可持续发展的机制，另外还保证本土化的专业要求。正如全中燮（2008）指出，让社会建构发挥实效有这样几种可行的方法：分权和权力分享、强化非主题讨论的实践、促进信任和信心、培养行动技能①。

当前，我国政府为部分社会组织"松绑"，激励社会组织在社会治理方面主动参与、努力创新，官办的社会组织要与行政系统脱钩、事业单位也在面临体制性改革，这是一系列具有阶段性意义的变革行动，意味着社会组织迎来更加宽松的制度环境，当然，要完成这些重大的变革步骤需要较长的时间，在这种环境中，组织的治理能力会出现质性增长。社会组织是具有合作结构的组织，但由于社会治理主体的行动结构并没有实现合作制，社会组织的合作制也仅仅维持在内部的关系上。要建构具有 HUB 模式的组织行动的价值链条，需要各种不同类型的组织提供基础性支持，不仅要建立组织内的流动机制，还要建立行业间的、跨行业的职业资质认证、完善的职业体系、岗位流动机制、完善的人力资源流动机制等。实现了人才的流动，也就实现了资源的流动。更具体而言，要实现同能力等级组织成员的水平流动，实现人力资源的垂直流动。我国公务员制度中采用的借调、挂职等方式，也可作为社会组织人力资源体系的参考。

另外，正如徐永光（2015）所言："互联网经济遵循信息产品共享性的规则，用公益的手段做商业，有了今天的辉煌，它已经改变了世界；……社会企业遵循解决社会问题有效性与可持续性的规则，用商业的手段做公益，一定也将创造未来的奇迹，让社会变得更美好。免费的商业＋收费的公益，这是一种颠覆式的社会创新，给我们带来了无限的想象空间和创新的可能性。今天的中

---

① （美）全中燮. 公共行政的社会建构：解释与批判［M］. 孙柏瑛等译. 北京：北京大学出版社，2008：183－190.

国，正迎来新一轮改革创新的浪潮。"① 对于社会组织的行动和管理方式而言，行动者也需要开展非常多的突破传统行动框架的创新性举动。

三、社会组织行动的愿景：建构跨界合作的行动网络

社会不是人类行动的作用对象，而是人的构成要素，社会世界中没有主客体之分，都是社会性的存在，是各种构成性社会要素交织起来形成的稠密社会网络，因此，对于某一具体社会问题的思考要有整体性的视角。"全球化、后工业化进程应当是一个平衡的变革过程，从工业社会的基本结构转型到后工业社会的基本结构应当是在自觉行动中实现的。这也是一场结构性的变革……人的自觉性和主动性恰恰是要造成一种构成主义的自然发展效应。所以，这场变革的路径在形式上表现为构成主义。"② 也正是因为如此，社会治理的结构性变革要在一个较长的历史时期内渐进地完成，而不是通过革命的方式完成剧烈的社会变迁。

在未来较长的一段时期内，我国公立的非营利部门依然会保持较大的规模和行动能力，事业单位、原有的官办非政府组织依然承担着大部分提供公共服务的职能，但这并不能说明社会组织的合作体系无法建立，正如前文所强调的，社会组织的合作体系由其内在的社会属性所决定，要建立的体系是新的服务体系，但同时也要完成旧的协作体系的改造。从未来的发展来看，公立社会组织能够而且必须不断地适应社会服务领域的逻辑和规则，通过转制、改革等方式完成组织转型与能力建设。"所以事业单位的改革、社会组织的发展，它们共同

---

① 徐永光. 社会企业与社会投资的中国趋势［EB/OL］.［2015 – 06 – 19］. http：//www. naradafoundation. org/content/4598.

② 张康之. 走向合作的社会［M］. 北京：中国人民大学出版社，2015：289.

决定第三部门的命运"①。社会组织合作体系的外部建构主要涉及社会组织与其他组织之间的行动关系。目前我们的政策、社会治理的现实要求鼓励社会组织承担起更多社会治理的任务，所以组织本身也要对自己的功能与角色进行反思，通过发现和发挥自己的优势，提高能力来完成任务。社会组织的发展、社会组织管理体制改革、社会服务体制改革将会对行政改革、服务型政府的建设起到倒逼的作用，因此，社会治理改革对于社会的整体性变革也具有深刻的影响。当然，也由此可见改革的复杂和艰深程度。虽然社会治理的总体性变革路径难以描述，但是，正如张康之教授指出的，社会治理变革至少要遵循两个原则：首先，它是理性的变革，不允许非理性的盲目行动，因而它呈现渐进变革的特征；其次，它是整个社会以及社会治理的结构性转型，也就是说是一场根本性的变革，具体的改革措施会通过每一个层面上的微观调整和变化表现出来，但却不能仅仅通过微观视角去认识它们。实际上，每一项行动方案中都包含着整体性变革的观念和目标，每一个具体行动的目标都从属于总目标，治理者在开展每一项改革活动时，都要时时检视具体目标是否存在对总目标的偏离，一旦出现，就加以矫正。②

社会组织在社会治理过程中的实践取向应该落脚于强大的国家治理能力以及完善的国家治理体系之上。我们前文所谈及的社会组织的自主性的生成与扩散，是在组织理论的层面上展开的探讨与论断，在实践取向的组织行动中，组织的自主性建立在国家治理体系的框架之内，完善的、和谐的社会治理体系自然能够为社会组织的主体性地位提供结构性的支持。因此，这就要求社会组织要树立对于执政党的政治认同、文化认同并消除合作方式上的隔阂，实现两者

---

① 微信公众号"益先生"2014 年 12 月 24 日推送文章《康晓光：社会组织发展前景乐观吗?》。
② 张康之. 走向合作的社会［M］. 北京：中国人民大学出版社，2015：295.

在价值观、行为方式上的相互认可、吸收与合作，因此，社会治理的主体在国家治理体系的整体框架下共同谋求经济环境的自由、政治环境的民主以及社会环境的包容。总而言之，对于社会组织的改革而言，要有更广阔的视野作为建构合作结构的支撑。在组织愿景实现的方式上，则不能拘泥于固有的观念和方式的束缚，这对于不同类型组织之间的跨界合作网络的建构具有很强的指导意义。

结　语

本书通过对社会组织在社会治理中的角色变迁来思考当前组织研究和实践正在面临的历史性变革。虽然没有明确地采用案例分析的方法进行分析和论证，但实际上却浓缩了诸多社会组织成长的经历与故事。仔细追究起来，本书的构思过程至少经历了三年的时间。笔者作为枢纽型社会组织中的成员，参与社会组织的管理与服务工作，即是参与者、服务者，又是观察者、研究者。这首先就为行动主义要求的研究方法奠定了最为恰当的基础。枢纽型社会组织本身是社会资源整合的重要场域，同时也是实业型社会组织的重要交往平台，因此，在枢纽的层面去观察组织，就有了较为整体性的视角，既能够观察到组织服务终端的社区、民众等微观状况，又方便与其他类型的组织联系，在组织层面进行对比。立足于这样的观察点，研究者一方面能自然而然地选择一种不同于草根社会组织和政府组织的视角进行思考，另一方面则能从本体的角度去考察个人在组织行动中的角色及过程，具体的行动能够融入各种组织中，又能跳出繁杂多变的实践表象进行深度的思考，这个过程是曲折的、长期的，从持续性地对社会组织进行访谈、参与组织行动，到整理访谈记录，本身作为社会组织的一员参与到社会组织的实践和调研中去，于是，行动者的角色和行动主义的视角就生成了。

在观察与参与的过程中，笔者首先发现的是"公益人之特质"与"公益人之痛"：社会组织中的从业人员与其他类型组织中的成员相比，具有较强的社会责任感与道德标准，对于社会事务有着近乎天然的热情与敏感，同时有着社会创业者的激情和执着。社会组织中的成员按照职责的不同，可以分为三种类型：一是社会组织的创始者、领导者，也就是 CEO 一类，是组织核心价值观的代言人，对于组织的战略性管理负责，与政府、企业的交往很多；二是各种社会服务项目的负责人，统筹项目管理，承担较为繁重的交流沟通工作；三是成员则位于服务的终端，从事具体的社会服务，直接面对服务对象。在我国当前的社会治理体制中，不同岗位的社会服务人员有不同的痛苦，社会组织管理人员承担的多头责任、社会服务专业化的迷失、CEO 面临的筹款和运营问题、底层社工的待遇问题……这些问题的存在共同导致了组织成员对自身职业的焦虑与压抑，同时结构化的管理体制也导致社会组织中的人力资源流动体制不完备、缺乏上升空间等，种种困境交织在一起构成了社会组织实践发展中的瓶颈，所以，这些问题解决方案难以通过就事论事的实证方法来提供。如果从整体性的角度来考虑社会组织在社会治理中的主体性角色建构，就会发现社会组织作为新型的社会治理主体对于社会治理结构变革的重大意义，所有的问题解决方案都源自于新型的服务型组织的建构，那么，复杂问题的解释也就有了一个坚定的理论原点。因此，全书实际上是将社会组织作为一种整体性的组织现象进行阐释。

在对社会组织研究的追溯中，笔者最初浅薄地从政社关系入手，追随各种市民社会理论、法团主义的观点，采取他们的论调对于社会组织在夹缝中的艰难作分析，然而笔者却越来越发现，这些所谓理论无论提出多少种模型来解构复杂的组织间关系，都是形式上的、语汇上的标新立异，对于政社关系并没有深刻的反思，对于社会转型期的历史性、时代性特征也并无根本性的回应。随着文献挖掘的深入，如果将视野放置于更广阔的社会科学研究世界中去，就会发现组织行动与个体行动之间无法分割的连续性——科层制就因为割裂人与组织、阻隔行动与结构而陷入困境——尤其是对于社会组织这种中介性组织，它对资源的动员和整合往往是跨界的，产生的社会知识和社会创新能力也是惊人的，过程是连续不断的，在此过程中运用和生产的社会资源是可持续的、富有弹性的，因此体现出组织行动的权变性、连续性特征。在这样一个过程中，组织生产的集体成果与成员的个体主动性甚至与服务对象之间的界限都是不明显的，也正因如此，社会组织的很多活动都是"公益活动"，它的服务成果，是参与者共享的，因此表现出他在性特征。组织及其成员当下面临着种种难以解决的问题，陷入一种职业焦虑中，是因为结构化的社会治理现状造成的。然而社会组织的新特征和新的行动方式逐渐地产生一种影响力，促使其他组织、其他的集体行动接受一些新的理念和价值观，也因此慢慢改变自己的行动逻辑，因此社会组织的倒逼改革效应是存在的，所有诉诸治理结构变革的方案，也都要回到个人关系重构的基点上来。只是不同的是，社会组织要建构的是全新的行动制度方案，虽然发展前期力量比较薄弱，但却没有历史的惯性作为拖累；而其他类型的组织，尤其是政府组织，却要先从科层制的结构中觉醒过来，然后才能在周边环境的影响下建立新知识和新行动。从本书的结构和论述的逻辑来看，似乎学理与实践之间建构了遥远的距离，在很多方面甚至与现实情况、当前解决问题的方式是完全相反的，但这并不代表行动主义路径的不可取。相反，它正是对社会现实发展状况的有预见性的描述和论证。

就本书的价值观和方法论而言，笔者认同这样的观点：社会是由人构成的复杂网络，人在社会中是整体性的、相互关联的，同时又自由地存在着。因此，社会的行动的不确定性具有随机的特征，这种随机性是人的自由意志赋予的，并且，反过来也给了人的自由自主无限的空间与机会。因此，社会科学研究的理论原点、研究方法与复杂性、社会性相关联，研究者开展的参与观察的行动、自主独立的思考、专门知识的潜移默化的影响都会表现在他对社会问题的理解和分析上，社会科学的方法，应该是符合社会发展规律和人的意识、行动复杂性的方法。"社会科学的新型客观性是可以达到的，但这不在于对评价的完全排除，而在于对社会科学的批判意识和控制。"① 另外，这样的一些思路和想法，排除了很多研究方法和所谓理论规则的限制，为研究者提供了一个新的起点，给了未来的组织研究者极大的思想自由。

实际上，本书对于社会组织角色的研究只是组织研究的一个引子，不过是对于社会组织革命性特征的分析和解释来引发更多的、对于新的历史时期的组织研究的思考，旨在从一种整体的、连续性的视角出发去观察个人、集体在社会中的行动和思考过程，也是笔者对于此变革时代之观察与思考。"从社会学的角度来看，实用主义使一种思维技巧和一种认识论合理化，它把日常经验的判断尺度提高到了'学术水平'。"② 学术研究提供的不应是操作性的经验和知识，而是思考问题的逻辑、观察事物的视角，在学术研究中增进的应该是一时的、价值观的、哲学的知识，而非生活经验的、操作方法的知识。由于经验、能力、视角等限制，本书部分推导或某些逻辑难免存在断裂或矛盾之处，如果能达到抛砖引玉的效果，那么就是此书之大幸了。

---

① （德）卡尔·曼海姆. 意识形态与乌托邦［M］. 姚仁权译. 北京：中国社会科学出版社，2009：5.

② （德）卡尔·曼海姆. 意识形态与乌托邦［M］. 姚仁权译. 北京：中国社会科学出版社，2009：8.

参考文献

英文文献

[1] Amitai Etzioni. The Sprit of Community: Rights Responsibilities and the Communitarian Agenda [M]. Fontana, 1995: 247.

[2] Gordon White. Prospect for Civil Society in China: A Case Study of Xiaoshan City [M]. The Australian Journal of Chinese Affairs, 1993: 11.

[3] H. C. White. Identity and Control: A Structural Theory of Social Action [M]. Princeton: Princeton University Press, 1992.

[4] J. B. Rotter. Psychological and Implied Contracts in Organizations [J]. Employee Responsibilities and Rights Journal, 1989 (2): 121 – 139.

[5] J. D. McCarthy, M. N. Zald. Comparative Perspectives on Social Movements: Political Opportunities, Mobilizing Structures, and Culture Framings [M]. New York: Cambridge University Press, 1989: 1 – 11.

[6] John Elster. A Plea for Mechanisms. In: Hedstrom P, Swedberg R, ed. Social Mechanisms: An Analytical Approach to Social Theory [M]. Cambridge: Cam-

bridge University Press，1998：45－73.

［7］John Elster. Alchemies of the Mind：Rationality and the Emotions ［M］．Cambridge：Cambridge University Press，1999.

［8］Paul DiMaggio，Walter Powell. The Iron Cage Revisited：Institutional Isomorphism and Collective Rationality ［J］．America Sociological Review，1983（42）：726－723.

［9］Van Buuren，Jasper Arwin，Eshuis. Knowledge Governance：Complementing Hierarchies，Networks and Markets？ ［M］．Knowledge Democracy：Consequences for Science，Politics and Media ，2010.

［10］W. R. Scott. Organizations，Overiew. in International Encyclopedia of the Social and Behavioral Sciences，ed. ，by N. J. Smelser，P. B. Bates，2001（16）：10－17. Amsterdam：Pergamon/Elsevier Science.

专著

［1］（奥）阿尔弗雷德·舒兹. 社会世界的意义构成 ［M］．游淙祺译．北京：商务印书馆，2012.

［2］（德）卡尔·曼海姆. 意识形态与乌托邦 ［M］．姚仁权译．北京：中国社会科学出版社，2009.

［3］（德）卡尔·曼海姆. 重建时代的人与社会——现代社会结构研究 ［M］．张旅平译．南京：凤凰出版传媒集团，译林出版社，2011.

［4］（德）克劳斯·迈因策尔. 复杂性思维——物质、精神和人类的计算动力学 ［M］．曾国屏，苏俊斌译．上海：上海辞书出版社，2013.

［5］（德）埃德蒙德·胡塞尔，克劳斯·黑尔德编. 生活世界现象学 ［M］．倪梁康，张廷国译．上海：上海译文出版社，2002：210.

［6］（德）尤尔根·哈贝马斯．交往行动理论（第一卷）——行动的合理性和社会合理化［M］．洪佩郁等译．重庆：重庆出版社，1993．

［7］（德）于尔根·哈贝马斯．后形而上学思想［M］．曹卫东，付德根译．南京：译林出版社，2012．

［8］（法）阿连·图海纳．行动者的归来［M］．舒诗伟，许甘霖，蔡宜刚译，孟慧新校．北京：商务印书馆，2008．

［9］（法）阿连·图海纳．行动主义社会学［M］．卞晓平，狄玉明译．北京：社会科学文献出版社，2012．

［10］（法）埃哈尔·费埃德伯格．权力与规则——组织行动的动力［M］．张月等译．上海：上海人民出版社，2008．

［11］（法）布迪厄，华康德．实践与反思——反思社会学导引［M］．北京：中央编译出版社，2004．

［12］（法）布鲁诺·拉图尔．自然的政治［M］．麦永雄译．郑州：河南大学出版社，2016．

［13］（法）米歇尔·克罗齐耶．科层现象［M］．刘汉全译．上海：上海人民出版社，2002．

［14］（法）米歇尔·克罗齐耶．法令不能改变社会［M］．张月译．上海：格致出版社，2008．

［15］（法）皮埃尔·卡蓝默．破碎的民主——试论治理的革命［M］．庄晨燕译．北京：生活·读书·新知三联书店，2005．

［16］（美）G. H. 米德．心灵、自我与社会［M］．赵月瑟译．上海：上海世纪出版集团，2005．

［17］（美）L. M. 萨拉蒙．全球公民社会：非营利部门视野［M］．贾西津等译．北京：社会科学文献出版社，2007．

[18]（美）M. 哈蒙. 公共行政的行动理论［M］. 吴琼恩等译. 台湾：五南图书出版公司，1993.

[19]（美）R. M. 克雷默等编. 组织中的信任［M］. 管兵等译. 北京：中国城市出版社，2003.

[20]（美）W. 理查德·斯科特. 制度与组织——思想观念与物质利益（第三版）［M］. 姚伟，王黎芳译. 北京：中国人民大学出版社，2010.

[21]（美）埃里克·詹奇. 自组织的宇宙观［M］. 曾国屏等译. 北京：中国社会科学出版社，1992.

[22]（美）彼得·F. 德鲁克. 后资本主义社会［M］. 傅振焜译. 北京：东方出版社，2009.

[23]（美）查尔斯·J. 福克斯，休·T. 米勒. 后现代公共行政——话语指向（中文修订版）［M］. 楚艳红，曹沁颖，吴巧林译. 吴琼校. 北京：中国人民大学出版社，2013.

[24]（美）查尔斯·库利. 人类本性与社会秩序［M］. 包凡一，王湲译. 北京：华夏出版社，2015.

[25]（美）大卫·波普诺. 社会学［M］. 李强等译. 北京：中国人民大学出版社，2007.

[26]（美）戴维·约翰·法默尔. 公共行政的语言——官僚制、现代性和后现代性［M］. 吴琼译. 北京：中国人民大学出版社，2009.

[27]（美）丹尼尔·贝尔. 资本主义文化矛盾［M］. 赵一凡等译. 北京：生活·读书·新知三联书店，1989：198–199.

[28]（美）丹尼尔·贝尔. 后工业社会的来临——对社会预测的一项探索［M］. 高铦等译. 北京：新华出版社，1997.

[29]（美）道格·麦克亚当，西德尼·塔罗，查尔斯·蒂利. 斗争的动力

［M］．屈平，李义中译．译林出版社，2006.

　　［30］（美）罗伯特·D. 帕特南主编．流动中的民主政体——当代社会中社会资本的演变［M］．李筠等译．北京：社会科学文献出版社，2014.

　　［31］（美）迈克尔·马奎特，H. 斯基普顿·伦纳德，克劳迪娅·C. 希尔．行动学习——原理、技巧与案例［M］．郝君帅，刘俊勇译．北京：中国人民大学出版社，2013.

　　［32］（美）乔尔·S. 米格代尔．强社会与弱国家——第三世界国家关系及国家能力［M］．张长东等译．南京：江苏人民出版社，2012.

　　［33］（美）全中燮．公共行政的社会建构：解释与批判［M］．孙柏瑛等译．北京：北京大学出版社，2008.

　　［34］（美）塔尔科特·帕森斯．社会行动的结构［J］．张明德等译．南京：译林出版社，2012.

　　［35］（美）托马斯·C. 谢林．微观动机和宏观行为［M］．李天有等译．北京：中国人民大学出版社，2013.

　　［36］（美）希尔斯曼．美国是如何治理的［M］．曹大鹏译．北京：商务印书馆，1990：290.

　　［37］（美）詹姆斯·S. 科尔曼．社会理论的基础（套装全上下册）［M］．邓方译．北京：社会科学文献出版社，2008.

　　［38］（瑞典）彼得·赫斯特洛姆．解析社会：分析社会学原理［M］．陈云松等译．南京：南京大学出版社，2010.

　　［39］（英）安东尼·吉登斯．社会理论的核心问题——社会分析中的行动、结构与矛盾［M］．郭忠华，徐法寅译．上海：上海译文出版社，2015.

　　［40］（英）安东尼·吉登斯．现代性与自我认同［M］．赵旭东，方文译．北京：生活·读书·新知三联书店，1998.

[41]（英）安东尼·吉登斯．现代性的后果［M］．田禾译．南京：译林出版社，2011.

[42]（英）安东尼·吉登斯．社会理论与现代社会学［M］．文军，赵勇译．北京：社会科学文献出版社，2003.

[43]（英）安东尼·吉登斯．第三条道路——社会民主主义的复兴［M］．郑戈译．北京：北京大学出版社，2000.

[44] 邓正来．国家与市民社会：一种社会理论的研究路径（增订版）［M］．上海：上海人民出版社，2006.

[45] 丁东红选编．米德文选［M］．北京：社会科学文献出版社，2009.

[46] 冯仕政．西方社会运动理论研究［M］．北京：中国人民大学出版社，2013.

[47] 郭明哲．行动者网络理论［D］．复旦大学博士学位论文，2008.

[48] 康晓光，冯利编．中国第三部门观察报告（2015）［M］．北京：中国社会科学文献出版社，2015.

[49] 康晓光．君子社会——国家与社会关系研究［M］．新加坡：世界科技出版公司，2013.

[50] 孔繁斌．公共性的再生产——多中心治理的合作机制建构［M］．南京：江苏人民出版社，2012.

[51] 马克思恩格斯选集：第一卷［M］．北京：人民出版社，1995.

[52] 王名．社会组织论纲［M］．北京：社会科学文献出版社，2013.

[53] 王名．社会组织与社会治理［M］．北京：社会科学文献出版社，2014.

[54] 颜昌武，马骏主编．公共行政学百年争论［M］．北京：中国人民大学出版社，2010.

［55］燕继荣．社会资本与国家治理［M］．北京：北京大学出版社，2015.

［56］俞可平．增量民主与善治［M］．北京：社会科学文献出版社，2003.

［57］张凤阳等．政治哲学关键词［M］．南京：江苏人民出版社，2006.

［58］张静．法团主义——及其与多元主义的主要分歧［M］．北京：中国社会科学出版社，1998.

［59］张康之，张乾友．共同体的进化［M］．北京：中国社会科学出版社，2012.

［60］张康之．公共管理伦理学［M］．北京：中国人民大学出版社，2003.

［61］张康之．公共行政的行动主义［M］．南京：江苏人民出版社，2014.

［62］张康之．行政伦理的观念与视野［M］．北京：中国人民大学出版社，2008.

［63］张康之．合作的社会及其治理［M］．上海：上海人民出版社，2014.

［64］张康之．论伦理精神［M］．南京：江苏人民出版社，2010.

［65］张康之．任务型组织研究［M］．北京：中国人民大学出版社，2009.

［66］张康之．社会治理的历史叙事［M］．北京：北京大学出版社，2006.

［67］张康之．走向合作的社会［M］．北京：中国人民大学出版社，2015.

［68］郑也夫．信任论［M］．北京：中国广播电视出版社，2001．

［69］周雪光．组织社会学十讲［M］．北京：社会科学文献出版社，2003．

期刊

［1］车峰．培育社会组织的政策工具研究［J］．吉林工商学院学报，2015（4）：96－100．

［2］陈家建．法团主义与当代中国社会［J］．社会学研究，2010（2）：30．

［3］程倩．论非政府组织兴起后的社会生活［J］．公共管理与政策评论，2013（2）：55－65．

［4］崔月琴，李远．"双重脱嵌"：外源型草根NGO本土关系构建风险——以东北L草根环保组织为个案的研究［J］．学习与探索，2015（9）：19－24．

［5］冯仕政．西方社会运动研究：现状与范式［J］．国外社会科学，2003（5）．

［6］黄靖洋．"间歇式亲和"：基层政府与行业组织关系研究——基于Q县田野调查的分析［J］．社会建设，2014（2）：70－83．

［7］贾西津．中国公民社会发育的三条路径［J］．中国行政管理，2003（3）：22－23．

［8］姜宁宁．论新社会组织的研究范式［J］．公共管理与政策评论，2015（2）：74－81．

［9］金太军．国家治理视域下的社会组织发展：一个分析框架［J］．学海，2016（1）：16－21．

［10］康晓光．行政吸纳社会——当前中国大陆国家与社会关系再研究

[J]．Social Sciences in China，2007（2）：116 – 128．

　　[11] 李培林．另一只看不见的手——社会结构转型［J］．中国社会科学，1992（5）：3 – 17．

　　[12] 李培林．再论"另一只看不见的手"［J］．社会学研究，1994（1）：11 – 18．

　　[13] 李强．社会组织建设的内在逻辑与未来方向［J］．广州大学学报（社会科学版），2015（2）：38 – 44．

　　[14] 刘吉发，肖涵．近代社会中心—边缘结构视角中的异化问题［J］．西北大学学报（哲学社会科学版），2015（6）：152 – 157．

　　[15] 刘鹏．从分类控制走向嵌入型监管：地方政府社会组织管理政策创新［J］．中国人民大学学报，2011（5）：91 – 99．

　　[16] 苗红娜．社会冲突治理中的法团主义策略及其在中国的适用性探讨［J］．河南大学学报，2014（6）：48 – 53．

　　[17] 汪锦军，张长东．纵向横向网络中的社会组织与政府互动机制——基于行业协会行为策略的多案例比较研究［J］．公共行政评论，2014（5）：88 – 108．

　　[18] 王向民．分类治理与体制扩容：当前中国的社会组织治理［J］．华东师范大学学报（哲学社会科学版），2014（5）：87 – 96．

　　[19] 吴建平．理解法团主义——兼论其在中国国家与社会关系中的适用性［J］．社会学研究，2012（2）：174．

　　[20] 向玉琼．论"他在性"导向中生成的服务型政府［J］．江苏行政学院学报，2015（5）：106 – 112．

　　[21] 谢菊，马庆钰．中国社会组织发展历程回顾［J］．云南行政学院学报，2015（1）：35 – 39．

［22］张海柱．知识治理：公共事务治理的第四种叙事［J］．上海行政学院学报，2015（4）：61－68．

［23］张紧跟．从结构论争到行动分析——海外中国NGO研究述评［J］．社会，2012（3）：198－219．

［24］张康之．基于组织环境的组织模式重建［J］．行政论坛，2014（5）：1－8．

［25］张康之．论集体行动中的规则及其作用［J］．党政研究，2014（2）：11－17．

［26］张康之．论全球化背景下的组织模式变革［J］．天津行政学院学报，2015（1）：30－36．

［27］张康之．论社会治理中的权力与规则［J］．探索，2015（4）：85－91．

［28］张康之．论社会治理中的身份与角色［J］．党的福建省委党校学报，2015（9）：4－14．

［29］张康之．社会治理的依据：从身份到角色［J］．党的浙江省委党校学报，2015（5）：5－14．

［30］张康之．社会治理的职业活动及其道德要求［J］．天津社会科学，2015（3）：86－91．

［31］张康之．探讨联盟的历史合理性问题［J］．理论与改革，2013（3）：5－10．

［32］张康之．组织模式变革是社会变革的先导［J］．江苏行政学院学报，2015（3）：103－111．

［33］张康之，姜宁宁．公共管理研究的热点与重心——基于人大复印报刊资料《公共行政》2014年收录文章的预测［J］．中国行政管理，2015（7）：76－81．

［34］张康之，张乾友．对"市民社会"和"公民国家"的历史考察［J］．中国社会科学，2008（3）：15－27．

［35］周国文．公民社会概念的溯源及研究述评［J］．哲学动态，2006（3）．

互联网信息及其他

［1］褚蓥．健全价值链是公益行业大势所趋文［EB/OL］．社会创业家，2014（09/10）．http：//shechuang.org/magazine/details.jsp？id＝2192．

［2］菲利普．中国公益5年反思［EB/OL］．社会创业家，2014（09/10）．http：//www.shechuang.org/magazine/details.jsp？id＝2175．

［3］冯永锋．从不专业走向更不专业［EB/OL］．社会创业家，2013（03/04）．http：//www.shechuang.org/magazine/122.html．

［4］微信公众号"公益慈善论坛"2013年11月20日推送文章《公益人才极度匮乏：近两成从业者月薪1000元以下》．

［5］微信公众号"公益慈善论坛"2015年10月2日推送文章《冯永锋：公益行业到底需要什么样的人才?》．

［6］微信公众号"社工客"2016年1月29日推送文章《如何吸引更多优秀人才加盟社会组织?》．

［7］微信公众号"益先生"2014年12月24日推送文章《康晓光：社会组织发展前景乐观吗?》．

［8］徐永光．社会企业与社会投资的中国趋势［EB/OL］．［2015－06－19］．http：//www.naradafoundation.org/content/4598．

［9］张康之．公共行政的行动主义［EB/OL］．课堂讲义录音，2015－12－11．

后 记

　　此书的出版距离写作时间已经有五年多了。真正数到"5"这个数字，着实让我吃了一惊，已经过去了这么久吗？它的原貌是一篇博士论文，因为它的天真和幼稚，我一直把它压在文件夹的最底层不愿再翻看。然而我一直希望自己有勇气、有能力对它进行大刀阔斧的修改，直至它成熟之后出版。但是，经历了忙碌奔波的两年博士后求学阶段，经历了三年讲师阶段，经历了十月怀胎、夙兴夜寐的两年孕育新生命的过程，同时还经历了一年多的新冠肺炎疫情肆虐阶段，再拿出底稿来，已然恍如隔世，无从下笔！但我不得不咬紧牙关把自己的科研工作设计妥当，因此才有了这篇不成熟文章的出版计划。

　　这本书的主题是"组织"。今年是2021年，我们正在庆祝一个全球最伟大的组织——中国共产党成立的百年诞辰，所以，"组织"其实也是我国在今年的首要的关键词。我以一个学习者、一个研究者、一个新手妈妈的复杂社会角色，重温了这个伟大的政治组织萌芽和发展的历史。再次感动、再次震撼、再次陷入思考。当一个组织具有价值观、信仰时，就蕴含了一种无坚不摧的力量，它自然地就具有了领导力和行动力。对所有的组织来说，这是件很重要但又很困难的事情。如果在组织行为学的课程中想找一个经典的组织典范，那它一定是中国共产党。但本书讨论的不是政治性组织，而是社会组织以及一些新的社会行动类型。组织是有机体，它生长于社会土壤之中，它要经历从无到有、从弱到强、从强到变的诸多阶段。因此，人们对于组织的描述和分析从未停歇。作为对人的集体行动好奇且感兴趣的我，也从社会组织的角度不断深化认识，为什么好人好事不一定能成就好的组织，而好的组织能改变和塑造原本平淡无奇的个体？为什么组织会依附于制度、倦怠于变革？为什么不同类型的组织会产生趋同性？……这些问题一直徘徊在我的脑海中。所以，本书研究的一个目的是思考和认识那些能包容人的不完美，且产生相对完美行动结果的组织。

　　一个明确的选题是研究者研究生涯的全部动力。尤其对于女性研究者来说，这一过程太漫长且艰难了：我要上很多很多的课，指导很多很多的论文，给女儿唱无数的童谣、遛无数的公园，以及要在这些事务的时间缝隙之中读书、调研……才可能实现。一直以来的经历让我深刻地感受到，女性在人类社会中承担了太多、包容了太多、牺牲了太多，也成就了太多。人的社会角色本就是复杂的，而就女性承担的社会责任来看，女性的角色要更加复杂。做一个好学生、做一个好老师、做一个好学者、做一个好母亲，每一个角色都需要我全力以赴。从生活实践的表现来看，我现在以及未来多年的工作和科研时间被挪到了晚上八点之后，在工作和生活中分身乏术地挣扎着完成所有任务；从思想实践的表现来看，我结果就是在观念价值和行为中更加的中庸及更加的平和，在见缝插针的思索和写作中完成思想的蜕变。那个年轻气盛又天真烂漫的女博士不见了，取而代之的是一个脚踏实地百折不挠的创业者。虽然无论是作为研究者还是创业者，我总是在对自己的批判—否定—肯定这个循环中往复而生，但我一直努力为了扮演好这些角色勇往直前，毕竟努力地生活是生命的真谛。

　　虽然这本书很不成熟，但当时的我已倾尽全力。后来的那些历练，已让我脱胎换骨，即将成为一个令自己都为之惊叹的新人。我期待下一本专著，希望它是一本成熟的、完整的作品。

最后，感谢一直爱护和支持我的人们！

姜宁宁

2021 年 8 月于山海城